走向未来 科技丛书

领导干部科技创新学习读本

与领导干部谈数字金融

李振华　宫　靖　著

从未来看现在

我国数字金融发展已取得了较大的成绩

但这只是数字金融探索进程的开始

数字金融的大时代

即将隆重上演

渐入佳境

中共中央党校出版社

图书在版编目（CIP）数据

与领导干部谈数字金融／李振华，宫靖著．--北京：中共中央党校出版社，2021.2（2021.8 重印）

ISBN 978-7-5035-6793-3

Ⅰ.①与… Ⅱ.①李… ②宫… Ⅲ.①数字技术-应用-金融事业-中国-干部教育-学习参考资料 Ⅳ.①F832-39

中国版本图书馆 CIP 数据核字（2020）第 205756 号

与领导干部谈数字金融

策划统筹	任丽娜
责任编辑	任丽娜　桑月月　牛琴琴
责任印制	陈梦楠
责任校对	李素英
出版发行	中共中央党校出版社
地　　址	北京市海淀区长春桥路 6 号
电　　话	（010）68922815（总编室）　　　（010）68922233（发行部）
传　　真	（010）68922814
经　　销	全国新华书店
印　　刷	中煤（北京）印务有限公司
开　　本	700 毫米×1000 毫米　1/16
字　　数	181 千字
印　　张	17.25
版　　次	2021 年 2 月第 1 版　　2021 年 8 月第 2 次印刷
定　　价	58.00 元

网　　址：www.dxcbs.net	邮　箱：zydxcbs2018@163.com
微 信 ID：中共中央党校出版社	新浪微博：@党校出版社

序

数字金融（Digital Finance）是利用金融科技（FinTech）构建的金融新形态。现实中，金融科技并不特指金融新技术，其金融定义几乎等同于数字金融。

金融稳定理事会（FSB）于 2016 年提出，金融科技是技术驱动的金融创新，旨在运用现代科技成果改造或创新金融产品、经营模式、业务流程等，推动金融发展提质增效。2019 年 8 月，中国人民银行印发《金融科技（FinTech）发展规划（2019—2021 年)》时，沿用了该定义。

一、我国发展数字金融的意义

对于仍处于发展中国家阶段、金融供给尚不充分的我国来说，发展数字金融具有重大意义。主要体现在四个方面：

一是数字金融是一种未来金融，是适配数字经济的金融新方式，也是数字经济的推进器。首先，数字经济将是未来数十年的主要经济形式。根据中国信息通信研究院数据，2018 年全球 47 个主要国家数字经济总规模达到 30.2 万亿美元，占 GDP 比重达 40.2%；其中英国、美国、德国数字经济占 GDP 的比重已超过 60%。根据最新发布的《中国数字经济发展白皮书》，2019 年中国数字经济增加值达到 35.8 万亿元，数字经济占 GDP 的比重达到 36.2%。其次，数字金融是适配数字经济的未来金融方式。从金融史角度看，金融原本是经济变革的产物，每一次经济形式变革，均伴随着金融业的变革。在数字经济时代，金融业必将继续吸收数字关键技术，进化服务能力。再次，数字金融本身是数字经济中的重要部分。金融业能否率先实现数字化，一定程度上影响着我国数字经济进程的效率。

二是数字金融可有效满足我国 10 亿多居民的新型金融需求，提高其数字化生活方式方面的获得感。从全球趋势来看，互联网浪潮下全球经济进入数字经济，数字经济对金融业提出了新需求。例如，美国、欧洲和中国等国家和地区，数字经济较为发达，金融业需要为数亿级别的海量用户实时无间断提供金融服务，需要更智能化和个性化，在确保用户享受更便捷、更顺畅的服务体验的同时要更加安全等。从我国具体情况来看，我国整体金融供给尚不充分，数字金融还可加速金融业广覆盖、多层次的供给布局。我国尚有超过 5 亿的成年人和数千万的小微经营者难以从商业银行等金融机构获得信贷等基本金融服务，普惠金融任重道远，数字金融大有可为。

三是发展数字金融是我国金融业转型升级、争取全球领先的重大机遇。数字时代给予金融业利用创新技术更好地服务实体经济的机遇。因为经济的数字化，金融业有了更便捷、更低成本的触达用户方式；有了利用多维度大数据为缺乏信用数据的小微企业和个人提供风险评估、信用评价的机会，进而为其提供包括信贷、理财、保险等一系列的金融服务。例如，当前，全球商业银行的升级转型主流是开放银行，即"无处不在的银行"，即是要求银行走出线下模式，利用数字化、场景化的技术进入居民生活、商业交易的方方面面。此外，在现有的传统金融模式中，我国金融业虽取得巨大成就，但整体行业远没有欧美国家发达，行业规则和标准也主要由欧美金融业制定和颁行；数字金融时代到来，我国取得了暂时全球领跑的优势，就像通信领域5G技术相对于过去的2G、3G、4G时代一样，我国数字金融有可能获得更多规则和标准的制定权、参与权。

四是数字金融是防范化解金融风险的新型和重要手段。我国《金融科技（FinTech）发展规划（2019—2021年）》指出，金融科技将"成为防范化解金融风险的新利器"。其提到的金融科技防范风险的方式具体有："运用大数据、人工智能等技术建立金融风控模型，有效甄别高风险交易，智能感知异常交易，实现风险早识别、早预警、早处置，提升金融风险技防能力。运用数字化监管协议、智能风控平台等监管科技手段，推动金融监管模式由事后监管向事前、事中监管转变，有效解决信息不对称问题，消除信息壁垒，缓解监管时滞，提升金融监管效率。"

总体看，数字金融或者说金融科技，不只是一种科技机构的名称，更是一种未来金融方式，是金融业整体转型升级的共同路径和方向。

二、判断数字金融创新好坏的五个维度

在本书编撰的同时，为期数年的互联网金融整治已接近尾声，

真正有创新性的数字金融得到了较好的监管政策支持，一些伪、劣或基础差的互联网金融机构被规治、整顿或者被市场淘汰。基于实践和理论总结，我们认为判断数字金融创新的好坏有五个维度：

（1）有效服务实体经济，避免"脱实向虚"；（2）通过数字技术创新，实现金融服务增效降本；（3）满足了新需求，服务了新人群；（4）有利于金融业高质量发展和数字化转型；（5）金融风险可控。

近年我国有较多数字金融企业异军突起，部分还进入全球创新领先行列，其均得益于对这五个维度的坚持。

从未来看现在，我国数字金融发展已取得了较大的成绩，但这只是数字金融探索进程的开始。

数字金融的大时代，即将隆重上演，渐入佳境。

目录

CONTENTS

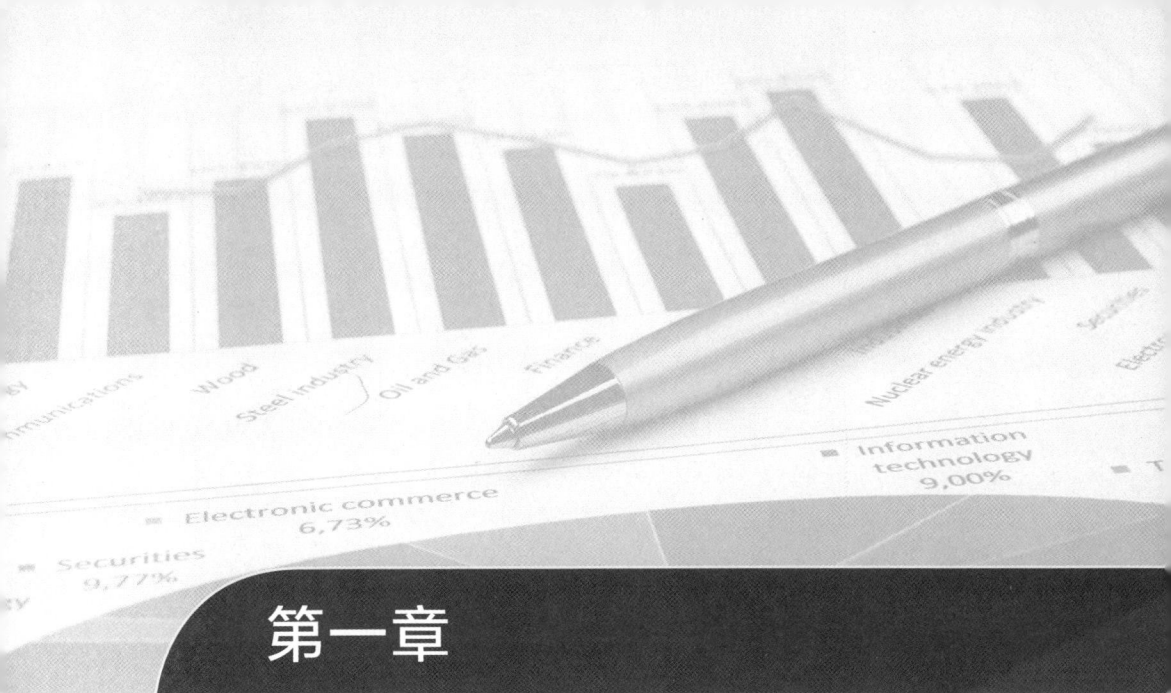

第一章

数字金融概述

数字金融是一个较大的课题，包括数字支付、数字信贷、数字理财、数字保险和数字信用等多个分领域。在展开这些分领域之前，本章先总括全球数字金融发展全貌，以及我国数字金融发展情形。

本章着重讲三个方面：一是数字金融的基本特性；二是全球主要国家和地区的数字金融发展情况；三是我国数字金融出海发展情况。

第一节 数字金融的基本特性

数字金融具有以下五个方面的基本特性。

一、数字化

首先，数字化是数字金融的最基本特征。其服务实现的基础是实体经济各个领域一定程度的数字化，然后利用大数据算法生成风控模型，进而全流程利用数字化方式提供金融服务。例如，该领域的金融服务准入手段主要为大数据风控。

其次，数字化的一个表现是金融服务线上化。我国银保监会相关管理办法对"互联网贷款"的定义，生动地体现了数字金融的"线上化"方式——商业银行运用互联网和移动通信等信息通信技术，基于风险数据和风险模型进行交叉验证和风险管理，线上自动受理贷款申请及开展风险评估，并完成授信审批、合同签订、放款支付、贷后管理等核心业务环节操作，为符合条件的借款人提供用于借款人消费、日常生产经营周转等的个人贷款和流动资金贷款。随后，相关办法还规定，线下风控、线上放贷以及存在线下抵押品的贷款，均不属于"互联网贷款"。

最后，数字化以金融科技为底层能力。数字金融的定义显示，其旨在运用现代科技成果改造或创新金融产品、经营模式、业务流程等，推动金融发展提质增效。

二、场景化

场景化是数字金融的第二个重要特征。数字移动互联网、大数据和 AI 等先进科技的发展，使金融业和场景方的融合更加深入，这已经是全球方兴未艾、无法阻挡的趋势。

"使金融无处不在"，可以非常形象地说明数字金融的场景化特征。在数字金融模式下，居民的衣食住行用游购等各种场景，都深刻地嵌入了金融。例如，数字金融不仅提供各个场景的支付，更首先实现上述场景的数字化，让居民一部手机"通天下"，并在场景服务中融入移动支付、数字借贷、数字理财和数字保险、数字信用等金融服务。

三、普惠和可负担

首先，数字金融是一种普惠金融。例如，我国金融服务领域依然存在不均衡现象，即 5 亿中等以上收入成年人享有较好的金融服务，仍有超过 5 亿的成年人难以获得信贷等有效金融服务。数字金融则可以利用创新方式为绝大部分成年人提供普惠性服务。

其次，数字金融的服务效率较高、成本低，消费者可负担性更强。例如，移动支付对个人端几乎免费，对商户端费率也大大低于发达国家。

四、更便捷

相较于传统金融的线下服务模式主要在工作时间、工作地点提供金融服务，数字金融在便捷性上大幅提高。数字金融可以全天无休、7×24小时实时响应，快速提供服务。

例如，我国网商银行在全球率先推出"310贷款"模式（3分钟申贷、1秒钟放款、全程0人工介入）。该互联网银行向小微经营者提供的贷款中，40%发生在下午5点至早上7点的实体银行下班时间，其中还有8%左右的小微企业贷款发生在"深夜"——零点至凌晨5点。

五、更安全

如何在"更便捷"的同时实现"更安全"，是金融业发展的一道难题。数字金融带来方便的同时，也带来了一些新类型的风险，给金融安全带来新挑战。例如，手机病毒窃取密码风险、智能手机丢失信息泄露风险、黑灰产利用个人利息精准诈骗风险等。

目前，全球领先的数字金融平台和机构，基本实现了"更便捷"与"更安全"的平衡。例如，我国的蚂蚁集团利用自研安全系统AlphaRisk，可以自动贴合用户行为特征进行实时风险对抗，确保用户账户安全和支付交易的万无一失。截至2020年6月30日的近12个月，在中国实名账户体系建设、移动支付科技等基础上，AlphaRisk近年将蚂蚁集团的支付资损率保持在千万分之0.6以下，远低于国际领先支付机构的千分之二左右的水平。

第二节　国外数字金融发展现状

数字经济将是未来全球经济发展的重要方式和主要增长点。数字经济的一个重要特点是天然具有全球化、跨国界发展特性。作为数字经济重要组成部分的数字金融，近年更是呈现明显的全球化趋势。

一方面，在中国之外，全球大量国家也在快速发展数字金融。数字金融在发源地美国的发展水平十分迅速，其整体水平仅低于中国，并在传统金融数字化发展方面领先于中国。英国和欧洲国家的数字金融近年蓬勃发展；印度和东南亚地区国家因为传统金融供应不足，目前正在大力发展具有普惠性质的数字金融。

另一方面，包括美国、中国在内的优秀数字金融企业普遍开始全球化发展，并在全球范围内尤其是印度、东南亚地区展开激烈竞争。

下面分别以美国、英国和欧洲，以及印度和东南亚地区为例，探讨其数字金融发展现状。

一、美国数字金融发展现状

美国是全球数字金融发展的领先国家之一，其数字金融发展可分为三种模式。

第一种模式是大型互联网平台发展综合数字金融，如依托电商平台 eBay 发展而来 PayPal。截至 2019 年 12 月 31 日，PayPal 活跃用户约 3.05 亿，从用户规模上是全球四大电子钱包之一。根据公司财务报告，2019 年度 PayPal 交易规模约 7120 亿美元，交易笔数约 124 亿笔，营业收入超过 178 亿美元。在 PayPal 之外，近十年美国 GAFA（谷歌、亚马逊、脸书、苹果四大科技公司）等平台也开始依托各自的业务场景逐渐渗透到金融领域，发展十分迅速。

第二种模式是传统金融机构发展数字金融。该模式在两个层面展开，一是大型银行打造数字金融平台，嵌入各类日常生活场景，如高盛自建了网络借贷工具 Marcus，收购理财工具 Clarity Money；Visa、MasterCard 等国际银行卡组织近 3 年来积极建设移动支付平台（Visa Checkout），布局资金网络和企业服务平台。二是大型银行普遍与数字金融平台共同推行开放银行战略，建设开放银行生态体系。例如，花旗银行目前已上线 8 大类 100 余个 API[1]，全面开放开户、贷款、权益、账户信息等数据和服务。

第三种模式是"互联网金融信息中介"。其率先在美国兴起，诞生了 Plaid、ByAllAccounts、Mint 和 Lending Club 等数字金融企业。次贷危机后，此类型数字金融企业在金融竞争中逐渐形成与传统金融机构有差异的市场定位，成为数字普惠金融服务的提供者之一。

总体上看，美国对数字金融创新和发展持包容、鼓励态度。从金融科技创新角度看，移动支付、互联网借贷等创新模式均发端于

---

[1] 应用程序接口（Application Programming Interface）。

美国，该国是金融科技创新时间最早、数量最多的国家。2017 年初，美国出台《金融科技框架白皮书》，确立了"广泛思考金融生态系统""促进金融包容性和金融健康""认识与克服潜在技术偏见"等对金融科技的基本监管原则。再例如，2018 年 3 月，美国亚利桑那州成为美国推行"监管沙盒"第一州，目前多个州正在探讨跟进方案。

美国对金融科技的监管方式以功能监管、动态监管为主，既将金融科技纳入现有金融监管体系，又能适应金融科技不断发展的业态特征。各监管机构在严格监管的同时，普遍与金融科技主体有着畅通的沟通渠道、合作方式，对金融科技发展趋势、动态和问题有着较及时的了解。

此外，美国给予金融科技与传统金融机构同等待遇，并推出"负责任的创新"计划。2018 年 7 月 30 日、31 日，美国财政部、美国货币监理署（OCC）先后表示支持非银行金融机构的创新发展，将推动为非存款金融科技公司颁发"国家银行特许经营申请"。OCC 认为，随着金融业的改变，以创新方式提供金融服务的公司应获得与传统银行对等的执业机会。

二、英国及欧洲国家的数字金融发展现状

英国在现代金融业发展中一直有举足轻重的地位，也是最早探索数字金融模式的国家之一。2005 年，旨在满足小微企业融资需求缺口的互联网贷款平台 Zopa 诞生在英国。此后，英国还诞生了网贷平台 Funding Circle （2009）、跨境跨币种汇款公司 TransferWise

（2010）、在线票据交易平台 Market Invoice（2011）、主打跨境消费和换汇场景的数字银行 Revolut（2013）。

欧洲其他各国限于市场规模，没有产生较大规模的数字金融企业，但也有一些相对具有影响力的平台。例如，荷兰的支付平台 Adyen（2006）、德国数字银行 N26（2013）、波兰数字银行 mBank（2009）等。

英国和欧洲积极支持本地区数字金融发展，制定了全面发展规划。欧盟委员会 2018 年 3 月发布了《金融科技行动计划》，积极鼓励金融部门创新商业模式、采用新兴技术，其中包括创立欧盟金融科技实验室，出台监管沙箱指南，组建专家小组评估现行监管规则对金融科技的适应性等。当月，英国财政部也发布了《金融科技产业战略》，宣布了一系列支持金融科技发展的新举措，比如，降低金融科技企业合规成本、加强金融科技专业人才供给、拓宽金融科技企业融资渠道等。

英国和欧洲在支持金融企业技术创新方面进行了全球领先的监管探索。例如，英国的数字金融业之所以能够快速发展，离不开该国在全球首推的创新监管模式——监管沙箱机制。该机制对金融创新提供相对包容的监管环境，允许金融创新在一定区域和时间内进行，如果风险较大可以暂停或改进，风险较小可以扩大推广面。该国在 2016 年还曾发布"金融科技加速器计划"。

值得关注的是，英国和欧洲的 GDPR 等数据规则也限制了全球大型科技企业包括数字金融企业在该地区的发展。近年，欧盟推出的 GDPR（《通用数据保护条例》）成为全球最严格的个人数据保护法规，在该新规则下，谷歌、苹果、Facebook 等全球大型互联网平台企业均成为执法对象且被重罚，这对包括数字金融在内的高科技企业全球化带来较大影响。

三、印度和东南亚地区数字金融的发展现状

印度是世界上经济增速和人口增速均较快的地区，传统金融供应不足，因此近年成为数字金融发展的最好市场之一。在网贷（P2P）领域，2014 年印度第一家网贷平台 Faircent 上线，随后又诞生了 Lendbox、Leden-Club 等几十家网贷机构。在支付领域，印度本土的支付巨头 Paytm 借鉴中国移动支付发展的经验，成为拥有近 3 亿客户全球四大电子钱包之一。2018 年 7 月，印度的最大电商平台 Flipkart 申请了非银行机构（NBFC）资格认证计划进入金融科技领域。与此同时，亚马逊、谷歌、脸书等电商、搜索和社交类平台企业也纷纷进入印度市场布局金融业务。

东南亚地区，同样人口稠密，传统金融供应不足。近年，当地两大电商平台 Shopee 和 Lazada 都依托自身的业务场景开展了包括支付在内的金融业务。此外，马来西亚的 iMoney、AppPay、Mobiversa 以及印度尼西亚的 Midtrans、Amartha 和 Doku 等新型金融企业在东盟范围开展信贷、支付、保险、理财等综合金融服务。

在数字金融监管方面，印度和东南亚地区借鉴美国、英国以及中国对数字金融的监管经验，普遍采取开放包容的监管方式。各国普遍制定了数字金融的发展规划，例如，泰国实施了多部门联动的"国家电子支付总体规划"。为支持数字金融创新，新加坡和泰国都

引入了监管沙箱制度。

此外，东南亚地区普遍欢迎国外先进数字金融企业来本地区开展金融业务。在政府层面、企业层面，当地均欢迎国外先进数字金融企业到本地区发展相关业务，期待为本地区居民带来数字生活方式和普惠金融。

第三节　我国数字金融发展概况

截至 2020 年，我国数字金融的用户总数超过 10 亿，居全球第一。该领域的大数据、云计算、人工智能、区块链、生物识别等技术能力也得到广泛应用。不仅传统金融机构在进行数字化转型升级，还出现了蚂蚁集团、腾讯金融等全球金融科技代表性企业。

各类数字金融平台或机构的发展，拓展了我国金融服务的广度和深度，填补了传统金融机构在普惠金融领域的空白点。通过发展金融科技和新型商业模式，数字金融有效提升了我国金融行业的整体效率。

经过十几年的发展，我国已诞生了至少三种模式的数字金融平台或机构。根据发展路径不同，我国数字金融平台或机构可划分为："大型互联网平台综合金融"模式、"传统金融机构的互联网平台化"模式和"互联网金融信息中介"模式。

一、大型科技公司发展的数字金融业务在全球具有一定领先性

此类数字金融平台依托电商、社交、出行、生活服务等领域的大型互联网平台逐步发展而来。这类平台在发展金融业务之前，往往在某个垂直领域解决了用户痛点，在发展模式和商业模式上获得了成功，并聚集起了数千万甚至数亿用户。例如，基于阿里巴巴电商场景的支付宝，从起初的电商担保开始，后独立发展为提供移动

支付、小微贷款、理财、保险等综合性金融服务的蚂蚁集团。基于社交平台 QQ 和微信，腾讯金融利用用户高频使用优势，从发红包场景进入移动支付领域，后来发展为覆盖移动支付、理财、保险、银行、小贷等业务的大型数字金融平台。同样从电商场景出发的京东数科从"京东白条"等业务逐渐衍生出移动支付、消费信贷、小微贷款等金融产品。另外，互联网公司百度由搜索引擎出发，美团从团购、外卖出发，滴滴从出行出发、小米从手机制造出发，最终都推出了各自的数字金融平台，且各具特色和优势。

此类数字金融平台提供金融服务有三个特点：一是结合生态体系的场景，满足长尾用户和小微企业的真实金融服务需求；二是依托场景和大数据技术提高风控的有效性；三是充分发挥平台网络效应，快速突破用户临界点实现规模经济效应，有效降低了成本。

二、金融业整体的数字金融探索取得阶段性进展

传统金融中介从单一或综合金融业务出发，利用移动互联网、金融科技创新发展线上获客、大数据风控能力，进而发展支付、理财、信贷、保险等互联网金融业务。

首先，招商银行、平安银行等在零售银行领域具有优势的股份制银行，利用金融科技打造自己的数字金融平台——招行手机 App、平安壹账通等，像互联网公司一样建立多元化的综合服务平台。近年，工农中建等传统大行也在此方面进行了成功尝试。

其次，一些传统银行近年尝试开放银行模式，通过搭建"银银平台"等方式引入更多业务场景，实现 B2B2C 的平台化模式。例

如，兴业银行依托子公司兴业数金探索第三方开放银行平台的建设，帮助平台上的合作银行对接更多的行业服务场景。

最后，城市商业银行（以下简称"城商行"）等中小银行，近年也通过与互联网民营银行、互联网小贷公司合作，发展线上获客和大数据风控能力，利用资金成本优势发展"联合放贷"等创新业务，并借此探索平台模式。

三、我国数字金融出海发展情况

近年来，我国数字金融行业顺应全球数字经济潮流，将在中国获得成功的商业模式和全球领先的安全能力、技术能力带至全球，开始全球化步伐。

总体来看，我国数字金融行业出海发展可以分大型综合类金融科技企业出海、细分领域类金融科技企业出海，以及金融科技配套产业链"随船出海"三种模式。

蚂蚁集团、腾讯金融、陆金所等我国领先的综合类、平台型数字金融企业近年积极布局全球化发展。其海外拓展业务大致可分为四个方面：一是服务我国游客境外支付；二是在海外发展本地电子钱包等本地化数字金融服务；三是促成全球商品流通的全球收付服务；四是跨境汇款业务。

在大型金融科技平台企业之外，理财、借贷等细分领域金融科技企业也纷纷出海。伴随我国金融科技行业的"出海"发展，原先为该行业提供产业链配套的企业也开始"随船出海"。（注：此部分详见第十一章）

第二章

移动支付

移动支付的兴起和发展，是中国数字金融历史上浓墨重彩的一笔。

在移动支付普及之前，我国处于现金和银行卡交易并行发展的支付阶段，并且银行卡支付基础设施相较发达国家而言尚不够发达。在移动支付普及的今天，我国呈现银行卡、现金和移动支付并行发展的格局，其中在移动支付领域全球领先。

移动支付是数字经济时代的数字支付手段，它的意义不仅仅是支付手段这么简单。它更是居民数字生活的入口，是国家建设数字政府、社会发展数字经济的抓手。在数字金融领域，移动支付则是数字金融的起点和发展基础。

第一节　移动支付为什么站上风口

在近十几年间，移动支付为何快速兴起？移动支付解决了社会生活中哪些金融痛点？其具有何种未来发展潜力？

一、支付手段演进逻辑

金融发展历史显示，每种支付手段的创新均依托技术创新，不断克服效率和风险问题，不断满足实体经济新需求，并且趋于普惠化。在数字支付时代，移动支付应运而生。

（一）全球近代支付演进历史

12世纪到14世纪（欧洲中世纪到文艺复兴初期），欧洲跨国贸易快速发展，承兑汇票最先在意大利诞生，其服务对象主要是跨国大额贸易。

15世纪到17世纪（大航海时期），阿姆斯特丹发展出用于多边结算的汇票制度，使其逐步成为欧洲支付体系中心乃至金融中心，并助力跨国贸易快速发展。荷兰东印度公司的崛起离不开发达的跨境支付服务。

18世纪到19世纪（工业时期），英国成为全球票据最成熟发达的市场，并在1773年诞生了全球最早的票据交换所。支付清算体系的成熟带动更多金融创新服务的产生，让伦敦成为国际金融中心，并让大规模工业生产成为可能。

19 世纪末到 20 世纪中叶（电气时代），支付业务服务对象从企业开始扩展至个人，1891 年美国运通发行全球第一张旅行支票，满足往返欧美之间的商旅客户便捷支付需求。与此同时，电子化的大额清算系统开始在各国建成，最早的实时全额清算系统 Fedwire 在 1914 年启用，并在 1918 年开始使用自己专用的摩尔斯电码通信网络提供支付服务。

20 世纪中叶到 20 世纪末（信息时代），零售业务进入黄金发展期，1900 年巴黎奥运会第一张预付卡诞生，1950 年第一张信用卡——大莱卡诞生，在此之后借记卡、POS、ATM 等信息化零售支付创新层出不穷。

进入 21 世纪（数字时代），借助各类数字技术，互联网支付、扫码支付、人脸支付、语音支付等开始走入人们视野，其中不少已经成为人们喜闻乐见的日常生活方式，让支付服务前所未有的普惠化。

（二）支付演进的原因和动力

从原因看，实体经济不断发展需要更高效的生产要素配置手段，这背后离不开更高效、更安全的价值转移体系，即支付体系。支付体系效率提升让金融服务受益者不断扩大，从最初的政府、大型企业，到普通企业、中小企业，从高净值客户到普通客户，从发达国家到发展中国家，普惠支付是普惠金融的先导，也是基础。

从动力看，支付服务的根本动力是每个时代的技术创新。支付服务发展使得其服务对象不断扩大，并且不断创新，如预付产品、后付产品等跨期支付和网络支付等非面对面支付等。这些因素都带来对支付效率、支付成本和支付安全的挑战。而为了这些问题，印刷术、机械学、计算机学、通信学、密码学等被应用于支付体系，从而推动支付不断创新。

近年来，随着移动支付、大数据、云计算、人工智能、区块链、生物识别等技术更是对支付体系产生深刻影响，让支付服务前所未有的高效、普惠和安全，使所有人都可以随时随地、随心所欲地完成支付。

二、支付发展面临的挑战

（一）全球支付账户渗透率挑战

从支付账户占比看，金融机构和电子钱包服务商让支付账户的普及率有所改善，但仍有巨大空间。根据世界银行在《全球普惠金融指数数据库2017》中指出，2014年至2017年，全球有5.15亿成年人在金融机构或通过电子钱包服务商开设了账户。这意味着全球69%的成年人拥有账户，高于2014年的62%和2011年的51%。在高收入国家，94%的成年人有账户；在发展中国家，这一比例为63%。《人民日报》在《移动支付在非洲：仅次于现金的最受欢迎支付方式》的报道中指出，在非洲，使用移动支付的人数是拥有银行账户人数的3倍。在加纳，73%的交易额来自移动支付。不论是零售店消费还是街头的电话亭话费充值，你都可以看到移动支付的踪影。

（二）全球支付费率挑战

根据美联储和 JP Morgan 数据显示，在美国，商户接受信用卡后支付的商户折扣费率（MDR）平均为 2.5%，签名借记卡 MDR 为 1.5%，密码借记卡 MDR 为 1.25%。近年来，不管是美国还是欧洲都对商户折扣率有所限制，其主要手段是限制由卡组织制定、发卡机构向收单机构收取的交换费率，如 2011 年《杜宾交换费修正案》规定部分借记卡交换费率最高不得超过 0.05% + \$0.22，部分商户有单笔交易的交换费上限。在欧洲，对 Visa 和 Mastercard 在交换费上的限制更为严格，2004 年到 2007 年，欧盟一系列诉讼调查案直接导致欧洲地区平均交换费水平的大幅下降，西欧地区加权平均交换费率降幅超过 10%，且在消费信用卡降幅更大。尽管受到诸多监管限制，但 Visa 和 Mastercard 费率仍然居高不下，对商家，尤其是薄利的中小商家而言构成巨大的成本负担。

（三）跨境支付费率和效率挑战

在跨境回款中，全球汇款平均成本虽然在 G20、联合国等国际组织关注下不断推进降低，但仍然高达 7%，其中撒哈拉以南的非洲地区作为汇入国，成本高达 9%。各类汇款机构的收费差异较大，银行跨境汇款收费约为 10%，传统货币转移机构（如西联、速汇通）汇款收费约为 7%，一些数字钱包和电信运营商利用数字技术触达并服务用户，其汇款收费约为 3%。

综上所述，移动支付解决了全球实体经济中的部分问题，是一种创新的数字支付手段，未来具有进一步的发展潜力。但也有不少问题移动支付不能完全解决，支付创新仍在路上。

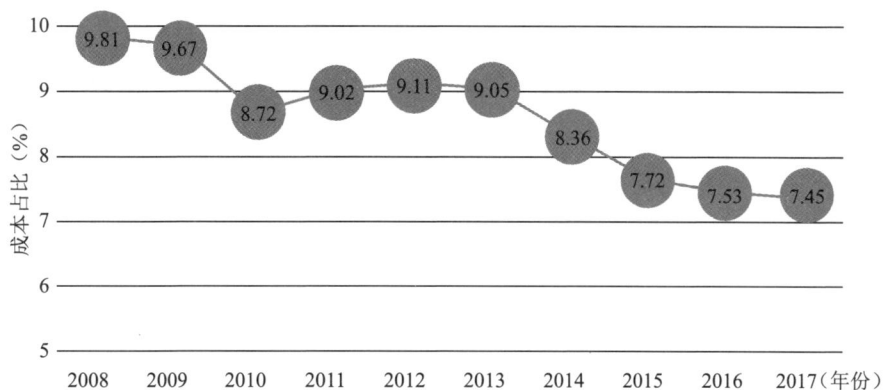

图2—1　2008 年至 2017 年汇款＄200 的成本

数据来源：世界银行（2011 年、2017 年）。

第二节　我国移动支付暂居全球领先地位

从用户规模看，截至 2019 年第一季度，中国移动支付用户规模约为 10.1 亿，居全球第一。移动支付在手机用户中的渗透率（即在过去三个月内使用过的比例）高达 95.1%[①]。支付宝服务全球用户数超过 10 亿。

从交易规模看，2018 年，中国移动支付交易金额超过 277.4 万亿元，居全球第一[②]。从交易笔数看，据推测，中国移动支付笔数占全球一半以上。

相比较而言，PayPal（贝宝）是欧美最大的支付机构，服务用户数 2.67 亿，2018 年总交易规模 5780 亿美元[③]（约 3.9 万亿元人民币），与中国支付行业交易规模相比，不到 2%。

一、中国移动支付的社会价值

（一）移动支付对居民生活的价值

居民拥有较发达的数字生活，已成为中国在全球的名片。在 2020 年上半年的新冠疫情期间，包括数字政务在内的数字化生活服

---

① 数据来源：益普索。
② 数据来源：艾媒咨询。
③ 数据来源：贝宝。

务，成了我国居民抵御疫情对生活冲击的重要科技力量。而具有发达线下生活方式的其他大部分国家，其居民受到疫情冲击普遍比我国更大。疫情使我国居民对拥有数字生活方式产生了更多自豪感，更加坚信数字生活方式的先进性。事实上，数字生活带来的美好生活获得感，不仅体现在疫情期间，也体现在平时。

中国金融科技企业利用全球领先的移动支付技术，让中国数亿居民享受到便捷的数字生活服务。高比例的移动支付背后是中国居民领先全球的数字生活方式，数亿居民足不出户，仅凭手机就可以实现在线缴纳水电煤气费、交通罚款，办理社保、公积金查询等数十项便捷服务。

（二）移动支付对小微企业的价值

移动支付有效覆盖上千万传统 POS 未能覆盖的小微商户，改善这些商户经营效率和成本。根据蚂蚁集团在深圳地区的调研情况，移动支付可以帮助当地商家提升收银效率60%以上，提升总体经营效率10%以上，节省商家交易成本超过 1.05%（包括现金清点、存储运输、假钞）。

基于移动支付解决小微企业融资难问题。2017 年 6 月开始，网商银行联合支付宝收钱码推出"多收多贷"服务，探索将网商银行创新的"310"贷款模式带到线下，为"码商"提供服务。

（三）移动支付对社会发展的价值

截至 2018 年上半年，移动支付在一线、二线、三线城市的用户渗透率分别为 90.4%、93.5% 和 92.4%[1]，各级城市移动支付普及

---

① 数据来源：益普索。

率几乎持平。如今，在北京的用户和在西藏的用户获得的数字金融服务差别已经相对缩小，以移动支付为代表的数字金融有效缩短了地区发展的"数字鸿沟"。

北京大学数字金融研究中心的相关研究表明，从2011年到2018年，移动支付正在打破传统的"黑河—腾冲分割线"即胡焕庸线，东西部金融服务可得性的差距缩小了15%①。

二、我国移动支付发展全球领先的原因

2018年11月6日下午，一位国际金融机构负责人在第三次"1+6"圆桌对话会上向国务院总理李克强请教中国移动支付领先世界的"秘诀"。总理首先幽默地回答："确实，虽然移动支付的原始技术源自发达国家，但在中国却获得了更加快速的发展。"他在详细答复中重点说到三点：市场、创新和监管。

（一）市场因素

我国拥有十几亿人口的全球最大市场，电商、社交、出行等互联网平台近年快速崛起并不断扩展经营边界，客观上需要与其适应的便捷的支付手段。与此同时，现有的现金、银行卡交易等无法满足上述需求，大量线上、线下交易因此难以完成或者完成存在诸多困难。

（二）行业创新因素

中国科技和金融企业近十几年抓住市场机遇，以智能手机和互

---

① 数据来源：新浪财经，http://finance.sina.com.cn/roll/2019-07-08/doc-ihytcitm0501652.shtml.

联网技术在我国普及为基础，创新出快捷支付、二维码支付、刷脸支付等移动支付技术，并使其获得快速发展。以腾讯金融旗下的微信支付为例，其目前拥有近10亿的移动支付用户，跨境业务已支持数十个境外国家和地区。

（三）监管因素

在我国金融互联网平台发展早期，相对宽松的包容性监管提供了有利的外部环境，让该领域具有真正创新能力的互联网企业获得快速发展。在被国际机构负责人问到移动支付在中国发展的经验时，李克强总理重点指出我国政府对移动支付采取了"包容审慎"的监管，"新业态出现时，没有必要因为对风险的担心一下子管死"。

第三节　发展案例：全球最大电子钱包
支付宝的创新之路

一、担保交易的诞生

2004 年支付宝成立以前，eBay 已正式进入中国，但中国电子商务却仍未发展。原因之一是对于习惯"一手交钱，一手交货"的国人来说，要在见不到面的情况下把钱或者商品交给对方，这样的电商模式存在巨大阻力。不少西方人士因此评论称电子商务不适合中国大陆，如果要发展还要等上至少 10 年。

当年，支付宝成立，其使命不只是解决电子支付问题，更关键的是解决买卖双方的信任问题。支付宝承担了第一个"吃螃蟹"的重担，创造了"担保交易模式"。当交易发生时，买方将货款先打给支付宝这样一个担保机构，当货到验讫后，买方向支付宝发出可以付款的指令，支付宝再将货款支付给卖方，从而解决了相互信任的问题。"担保交易模式"通过解决信任问题从而打通中国电商的"任督二脉"，让行业迎来了真正的高速增长期。

二、快捷支付的诞生

2010 年，中国支付行业已经蓬勃发展，越来越多用户使用支付宝在线上购物，但用户体验只能用"惨不忍睹"来形容。用户进行一系列烦琐的操作后仍有大量支付无法成功,官方统计支付成功率只有70%。提升支付成功率,成为支付宝2010年最重要的任务。

当年,各大银行和支付宝的业务和技术骨干经常往返于杭州和北京进行密集的"闭关讨论",对支付各环节进行优化。随着快捷支付的上线,用户支付过程中在页面中的跳转次数大幅下降,支付成功率从70%上升到90%。在消费者线上一点即付、线下一扫即付的今天,中国消费者已经很难想象打开手机还要经历多次页面跳转的情形。可以说,没有快捷支付就没有今天接近100%的国内移动支付普及率。快捷支付是将支付账户和银行账户的优势全面结合的创新模式,这比近两年欧美推崇的"开放银行"模式领先近10年。

相较之前的网银支付,快捷支付让银行账户活跃度提升至少一个数量级,充分发挥金融账户的基础功能。不仅如此,由于验证环节的前置,支付宝和银行可以运用大数据对支付进行更多维度的验证,在安全上做到质的飞跃,到今天客户资金损失率已降到千万分之一以下,比国外同行低四个数量级。

三、二维码支付的诞生

直到2013年,中国仍然是"现金为王"的国家。一台POS终端成本较为高昂,因此大量中小商家只能接收现金。彼时国内每万人拥有78台POS终端①,仅为美国的1/5②。直到2015年前,国内商家连电子化收银都未普及,更不用提数字化经营。

---

① 中国人民银行数据显示,中国POS数为1063.21万台。
② 国际科技金融媒体MEDICI数据显示,美国2013年POS数约为1270万台。

为了让中小商家有更便捷、更普惠的收银工具，支付宝很早就开始探索，在国内首推二维码支付前，就已尝试声波支付。最终二维码支付成为"爆款"，不仅让中小商家的经营成本几乎降为零，让消费者可以体验"一扫而过"的便捷，更推动社会成本和效率大幅提升。在杭州，两个小偷砸了七辆车只偷到32元现金；在上海，新加坡一位部长看到市民刷手机买栗子时，表示自己是个"土鳖"。中国已成为全球无现金生活的样板，今天全球每发生两笔移动支付交易，就至少有一笔发生在中国。

四、科技能力的锤炼

区块链方面，蚂蚁集团目前共有150多名全球顶尖区块链专家。截至目前已累计申请区块链专利360件，在2017年和2018年连续两年蝉联全球区块链企业专利排行榜排名第一。2018年9月，蚂蚁集团已面向行业推出蚂蚁区块链BaaS① 平台，并已与140家企业签约合作，在商品溯源、司法存证、数字版权、电子票据、生活服务、金融保险等领域拓展了商业应用，近期每周上链数据超过1000万条。

早在2018年6月，蚂蚁集团就运用区块链技术，实现香港和菲律宾两地电子钱包的跨境汇款，也是全球首个基于区块链的电子钱包汇款服务。2019年，蚂蚁集团更是运用区块链实现长三角七城地铁通票和长三角四城市的司法链平台，在解决民生问题上持续发挥

---

① BaaS 指 Blockchain as a Service（区块链即服务），即依托区块链技术提供服务。

创新价值。

在安全方面，支付宝通过人工智能引擎，可在 0.1 秒时间内从多个维度、上百个风险模块对用户的每笔交易进行安全扫描。目前支付宝用户资损率（即资金被盗而产生损失）的比率降低至千万分之一以内，与 PayPal 的千分之二相比低四个数量级。

在计算方面，支付宝目前已实现以分布式架构为基础的全技术栈能力，其中金融级分布式数据库 OceanBase 和分布式中间件 SOFA 等均已在全球范围内取得领先，从而得以平稳支撑高速增长中的海量交易。

第四节 学术界关于移动支付社会价值的部分研究成果

移动支付对经济发展具有诸多价值，其中不少已经得到越来越多的证实。

一、移动支付与包容性发展的相关性研究

数字技术快速发展，推动移动支付普及，有效提升所有人群的金融服务可得性。2018 年 5 月，世界银行下属机构国际金融公司（IFC）在《移动钱包开辟非洲金融新未来》的报告中指出："自十年前移动钱包业务首次在非洲开展以来，与代理行业务等创新的商业模式紧密结合，有效服务了低收入人群、小型企业主和农村地区用户，让他们也能享受到可负担、可获得及可持续的金融服务，非洲大陆的普惠金融覆盖率从 2011 年的 24% 提升至 2017 年的 43%。"麻省理工学院在 2016 年开展的研究表明，M-PESA 等移动支付服务在肯尼亚的使用帮助 2% 的家庭摆脱极度贫困，且对女户主家庭的支持尤为显著。普及移动支付为肯尼亚带来了巨大的收益，特别是对女性，它使女户主家庭的储蓄增加了 1/5 以上；帮助 185000 名女性离开农业去从事商业或零售活动；使极端贫困的女户主家庭减少了 22%。

中国学者同样证明了移动支付带来的金融服务可得性和公平性提升。2019 年 7 月，北京大学数字金融研究中心主任黄益平发表一项学术论文，指出移动支付等金融科技正在打破并移动了传统的胡焕庸线（黑河—腾冲线），从 2011 年到 2018 年，中国东西部金融服务可得性的差距缩小了 15%。

二、移动支付与经济运行效率的相关性研究

移动支付能有效提升经济运行效率，降低交易成本。2017 年，范一飞在《我国支付体系发展与展望》一文中指出："研究表明，电子支付在一个国家消费总支付中的比重每增加 10%，能带动 GDP 增长 0.5%。"美国塔夫茨大学弗莱彻学院和德国史太白大学金融服务研究中心在 2013 年的一项研究表明："现金使用给国民经济带来沉重负担，占国内生产总值的 1.5%。"2016 年，新加坡金融管理局（MAS）委托 KPMG 进行研究，并发布《新加坡支付路线图》，其中指出："新加坡减少现金和支票的使用能节省相当于国内生产总值 0.5% 的成本。"IFC 在《移动钱包开辟非洲金融新未来》中指出，尼日尔一个为期五个月的救济项目将每月支付的政府社会福利从现金形式转为手机支付，平均节省了 20 个小时的路途跋涉和等待时间。

移动支付能降低现金交易比例，提高交易透明度，从而遏制贪污腐败、偷税漏税和盗窃抢劫等犯罪行为。世界银行在《全球普惠金融指数数据库 2017》中指出："在印度，当支付从现金转为通过生物识别智能卡进行后，养老金支付的资金流失率下降了 47%（总金额的 2.8%）。"

三、移动支付与消费增长的相关性研究

移动支付在刺激消费方面具有重要价值，不仅体现在消费增长，同时还体现在消费升级。2019 年 10 月第五届中国普惠金融国际论坛期间，首都经济贸易大学金融学院院长尹志超发表报告指出："2013—2018 年的统计数据显示，移动支付可促进中国家庭消费增长 16.01%；与此同时，显著改变了消费结构，使得恩格尔系数（食品消费占比）降低 1.65%，教育、文化、娱乐等发展型消费大幅增加。"这一结论是对超过 3.4 万样本家庭的分析后得出，2017 年无移动支付组消费支出为 4.23 万元，有移动支付组消费支出 8.44 万元，无移动支付组和有移动支付组恩格尔系数分别为 45.30% 和 39.01%。2019 年，无移动支付组消费支出 5.37 万元，有移动支付组消费支出 12.42 万元，恩格尔系数分别为 40.65% 和 32.83%。尹志超认为，这主要是移动支付为电商的发展创造了条件，降低了线下交易成本，带来了消费便利。对此，香港大学讲席教授冯氏、亚洲环球研究所主任陈志武指出："对消费者心理也会有一定的影响，例如，消费者在使用移动支付时，花一万块和花一千块感受都没有太大差别，但如果用现金支付的话，就会觉得很心疼。"

不仅如此，移动支付对农村家庭消费水平的提升和消费结构的改善作用更明显。尹志超指出，在农村等偏远地区，移动支付的影响更大：分析结果显示，移动支付使得农村地区消费增长 22.10%，城市地区为 12.79%；恩格尔系数在农村地区降低 2.28%，城市地区为 1.20%。

第五节 数字货币将是面向
未来的创新支付

2019 年 6 月, Facebook 发布其数字货币 Libra 项目白皮书, JP-Morgan、IBM 和 Walmart 等美国各界巨头也在试点或宣布准备推出数字货币。美国科技、金融、零售等领域巨头纷纷探索数字货币, 其原因是数字货币运用区块链等创新技术建立了一种满足数字经济需求的资金流通和信任合作机制, 来消除全球贸易中货币和支付体系的"巴别塔"①, 从而推动数字经济跨区域发展。这场竞争背后也是用新技术重塑全球支付网络的探路, 中国企业有能力参与, 不应缺席。

一、数字货币与数字经济之间的关系

全球经济向数字经济迁移势在必行, 数字经济已经成为国家的核心竞争力, 其基础之一是面向未来的数字货币。

数字货币能有效连接数字经济时代的交易对象。随着物联网、人工智能和 5G 通信等技术的发展, 数字经济活动从人与人的交互,

---

① 《圣经·旧约·创世纪》记载了"巴别塔"事件, 为世上出现不同语言和种族提供一种解释。人类曾联合起来兴建希望能通往天堂的高塔, 为了阻止人类的计划, 上帝让人类说不同的语言, 使人类相互之间不能沟通, 建塔计划因此失败。"巴别塔"后来常用于比喻难以连通、沟通的两个或多个体系。

逐渐转向人与机器、机器与机器之间的交互，生活和生产环境中的机器将拥有专属账户。为了让工厂、港口、农场等环境中的机器高效、安全地交互，需要有可信的交易媒介。数字货币具有数字化、可编程特性，为人机、机机交易构建可信环境，使其可以点对点、自动化进行。

数字货币能有效满足数字经济时代的交易场景。首先是满足更频繁的跨区域交易需求。基于区块链的数字货币能有效解决跨境交易的信任问题，正如 Libra 旨在"让汇款像发邮件一样简单和便宜"。其次是满足数字资产交易需求。数字货币与区块链智能合约技术结合可成为可编程的货币，并具有可分割、可审计和高流动性特点，将成为数字资产交易的"最佳媒介"。

二、数字货币所解决的问题

当前全球货币和支付体系像两座"巴别塔"，制约着数字经济全球化发展脚步。世界越来越像一个"地球村"，信息、服务和商品以前所未有的速度触达世界任何角落。但错综复杂的全球货币体系，让全球经济产生巨大摩擦；资金渠道割裂不互通的支付体系，让全球资金结算成本高企、效率低下。数字经济日新月异，但跨境支付清算体系在过去近半个世纪停滞不前，几乎没有质的突破。目前全球至少有 200 个在用电子钱包，但却犹如一座座"孤岛"分布，只能满足本国需求，一出国门便无法使用。

数字货币对消除全球资金结算体系中的"巴别塔"具有重要价值。让各国支付企业基于区块链构建一个可信资金结算网络，能让全球小微企业和消费者低成本、方便、安全地收款和付款，让全球贸易资金流动像国内贸易一样简单、便捷，是一项极有价值的创新。

三、数字货币的类型与演变

数字货币诞生的标志是比特币。2008 年，化名为中本聪的一个电脑极客发布了一篇重要的论文《比特币：一个点对点的电子现金系统》。2009 年 1 月，基于区块链的比特币系统开始运行，比特币正式出世。目前，类似比特币这样的虚拟货币已经有上千种。

第二类数字货币是数字稳定币。基于法定货币为抵押的稳定币，因对法币的价值锚定得到增信，虚拟货币价值不稳定和不合规的两个短板都有望得到解决，完成数字货币"去虚拟化"。全球目前已发行了超过 50 种数字稳定币。

第三类数字货币是法定数字货币。Libra 等民间数字货币的快速发展对各国央行带来了巨大压力，促使各国中央银行加快了数字货币的研发工作，近期的疫情更进一步推动了央行数字货币研发的进程。我国法定数字货币 DC/EP 相关研发和测试工作走在世界前列。

数字货币已是大势所趋，不过以比特币为代表的虚拟货币由于缺乏基础资产支撑，价值极不稳定，价格波动剧烈，难以承载货币职能，更多是沦为投机品；未来的数字货币将以数字稳定币和法定数字货币为主。

四、数字货币与全球支付竞争的关系

全球重量级机构推出数字稳定币不断加速。在 Facebook 计划推

出 Libra 币之后，紧接着全球最大零售巨头 Walmart 也宣布推出自己的数字稳定币。高盛集团随后也透露了发行计划，其 CEO 大卫·所罗门表示："全球支付体系正朝着稳定币的方向发展。"在全球科技、金融和零售巨头计划发行稳定币中，既有面向普通零售消费用户的 Libra Coin，也有面向金融机构间结算的 JPMorgan Coin，还有零售生态体系内封闭运行的 Walmart Coin，创新可谓丰富多彩。

不管 Libra 成功与否，都标志着一个数字稳定币时代的开启，用数字稳定币重塑全球跨境支付体系已经成为不可阻挡的趋势。中国企业不能缺席这一战略性领域，这和央行法定数字货币探索并行不悖，不仅没有冲突还能相互促进。我们应当变被动应对为主动参与，甚至引领发展。

第三章

数字信贷

数字信贷一般指由商业银行、消费信贷公司、汽车金融公司等金融机构运用数字技术能力，发放的纯线上的消费类和用于日常生产经营周转的个人贷款和流动资金贷款。放贷机构与合作机构合作，由放贷机构单独（"助贷"）或与合作机构共同（"联合贷款"）发放的纯线上贷款也属于数字信贷。

数字信贷的提供者既包括新型的金融科技机构，也包括传统银行机构，发放对象既包括小微企业，也包括个人消费者。

第一节　国内外数字信贷发展情况

在全球范围内，数字信贷已发展成为数字金融的主力军之一。根据 venture scanner 数据，截至 2020 年 8 月，全球金融科技股权融资总额约为 189.9 亿美元，其中金融科技类借贷公司的融资约为 81.2 亿美元，占比约 42.76%。

一、全球范围内数字信贷发展概况

欧美数字信贷的发展与数字银行、开放银行的趋势密切相关。2016 年，欧盟《支付服务修订法案第二版》（PSD2）要求银行将支付服务和客户数据开放给第三方机构，2018 年开始实施。开放银行是一种开放化商业模式，通过与第三方开发者、金融科技公司、供应商等其他合作伙伴共享数据、算法、交易等流程，重构商业生态系统，为商业银行提供新的价值，增强核心竞争力。因此，欧美的数字银行虽然经营存、贷、汇等银行业务，但不一定拥有银行牌照，可能只提供移动端的数字化能力，用于触达客户、提升用户体验，而实际金融服务可以是自营的，也可以由传统银行提供服务和资金渠道。

欧美的数字银行扮演整合并优化银行服务的平台角色，开展自营金融服务或对接传统银行的金融服务和资金，代表案例包括英国的 Monzo 银行、Atom Bank、Revolut 银行等，德国的 Solaris Bank、N26 银行等，美国的 Brex 银行、Moven 银行、Simple 银行等。相比传统银行仅实现了部分业务的数字化，数字银行是更具颠覆性的银行业务形式，仅支持在线操作，并不设立实体分行。

亚太地区的数字信贷与移动支付的发展密不可分。随着第三方支付的普及，阿里巴巴、腾讯、京东等互联网企业利用平台上累计的互联网大数据，实现大数据风控，通过旗下的数字银行或互联网小贷公司，向平台生态内的小微企业和消费者发放数字贷款。中国内地的典型案例包括腾讯发起成立的微众银行、蚂蚁集团发起成立的网商银行、小米发起成立的新网银行、京东数科旗下的京东小贷等；海外的典型案例包括印度第三方支付公司 Paytm 成立的 Paytm Payments Bank 等。新加坡、中国香港等国家和地区也在积极发力数字银行（或称虚拟银行）业务，2019 年，中国香港颁发了 8 家虚拟银行牌照，支持本地的金融科技及普惠金融服务发展，随后新加坡金管局宣布将颁发 5 张虚拟银行牌照，中国台湾也于 2019 年颁发了首批 3 家虚拟银行牌照。

在全球范围内，传统银行业也通过成立数字银行、开发自身的线上化业务以及作为资金方与金融科技平台合作等多种方式，深度参与到数字信贷这一浪潮中。例如，花旗银行、摩根大通银行、西班牙国际银行、荷兰国际银行、汇丰银行等国际领先银行，都通过投资、收购、成立数字银行，积极布局数字信贷领域。我国的典型例子则有，20 余家传统商业银行通过与互联网银行网商银行合作，借助网商银行触达小微企业、个体经营者的数字化能力，将资金输送到实体经济的"毛细血管"中。

二、数字信贷与线下模式信贷的区别

作为信贷产品,数字信贷与传统信贷在金融服务实体经济的本质上保持一致,主要在商业模式上存在较为显著的区别。

第一,放贷流程上,数字信贷不依赖于网点和信贷员,而是通过电脑或移动终端触达客户,放贷的全流程都在线上完成。原先需要几天甚至几十天的信贷审批流程可被缩短至几小时甚至几秒钟。实际上,服务线上化是信贷业务不可逆转的趋势。随着移动互联网、人工智能、身份识别等技术的快速发展,以及人力成本、网点成本的上升,传统金融机构也在不断加大去机构、去人工的力度,用网络渠道代替柜台人工服务。比如,目前工商银行电子银行业务替代率达90%以上,客户到银行后超过70%的业务通过智能设备完成,柜面人工办理只占30%以下。线下渠道未来可能加快被线上渠道替代,但不会完全消失,最终会达到新的平衡点。另外,服务线上化也是客户的需求,比如网商银行约有40%的贷款发生在每晚5点至第二天早上7点,数字信贷能够随时随地满足借款需求。

第二,风控手段上,数字信贷运用人工智能模型和互联网大数据,开展批量化、自动化的大数据风控,替代传统的信贷风控,极大节约了放贷成本,服务效率更高,规模扩张更快。例如,新网银行提供7×24小时随时随地申请、秒申秒贷、实时放款、随借随还的信贷服务,大大提高了普惠金融服务的可得性,用户申贷的时间成本和财务成本均大大降低。网商银行推出的"310"贷款模式,可以做到 3 分钟申请，1 秒钟放贷，0 人工干预。数字信贷之所以能够比传统信贷更加高效快捷，关键在于技术驱动。

第三，服务客群上，数字信贷主要服务长尾客户，覆盖由于缺乏信用记录、财务信息而难以获得传统银行经营性贷款支持的小微企业和个体经营者，以及未获得信用卡的长尾个人消费者。例如，2019 年，微众银行"微粒贷"服务客户数量超过 2800 万人，覆盖全国 31 个省市区。授信的个人客户中，约 80% 为大专及以下学历，77% 为非白领从业者，笔均贷款约 8000 元，超过 70% 已结清贷款的利息低于 100 元。新网银行 2019 年累计服务客户超 3100 万人，近 80% 的客户来自三、四线城市和农村地区，覆盖大量信用记录缺乏、从未享受过正规金融机构授信服务的群体。对比来看，受制于成本高、收益低、风险识别难等因素，传统金融机构难以覆盖这些长尾客户。数字信贷与传统信贷业务服务的客群形成了错位竞争和差异化市场定位关系。

第二节 数字信贷服务小微企业

我国拥有总数超过 1 亿的小微企业和小微经营者，它们是实体经济的"毛细血管"，是我国经济新动能培育的重要源泉，在推动经济增长、促进就业增加、激发创新活力等方面发挥着重要作用。据统计，小微企业贡献了我国 60% 以上的 GDP、50% 以上的税收以及 80% 的就业岗位。小微经济中，个体户扮演着越来越重要的角色，成为吸纳新增从业人员的主体。根据第四次全国经济普查结果显示，个体工商户从业人员明显高于法人单位中就业人员增长幅度，个体工商户对 2013 年至 2018 年的新增就业贡献率接近 70%。

无法回避的是，"融资难、融资贵"问题仍然困扰着我国大部分小微企业。近年，我国金融机构和金融科技企业利用数字信贷方式，在服务小微企业方面蹚出了新路径，很大程度上缓减了这一困局。

一、我国小微经济和小微贷款的现状

国际劳工组织 ILO 在 2019 年 10 月发布的最新研究亦显示，来自 99 个国家的数据表明，70% 的劳动者是个体经营者或在小企业工作，平均 62% 的就业集中在非正规经济部门，这使得这些"小型经济单位"成为迄今最重要的就业驱动因素。与此同时，小微企业和个体经营者等小微经营者的收入主要是劳动性收入，较少有资本性收入；他们在促进经济发展、维护就业稳定的同时，不会扩大收入鸿沟，对于国民经济协同发展、缩小贫富差距也具有重要意义。

北京大学数字金融研究中心《中国个体经营户系列报告》课题组测算，全国 2018 年个体经营户总量约为 9776.4 万户。根据第四次全国经济普查的数据，一家个体户可带动 2.37 个人就业，则可推算出中国个体经济吸纳了约 2.3 亿人就业，占全国就业总人口的 28.8%。

然而，由于缺乏信用记录、抵押物和有效的触达方式，小微经营者尤其是长尾小微的融资需求长期没有得到满足。据世界银行统计，中国中小微企业融资缺口约为 13 万亿元，占 GDP 的 17.4%。相比之下，发达国家中小微企业融资缺口占 GDP 比重要低得多，其中，美国只有 3.78%。根据全国工商联的调研报告显示，超过一半的小微经营者的融资需求在 50 万元以下，仅有不到 10% 的小微经营者融资需求超过 100 万元；但当前商业银行受困于线下信贷模式，主要对融资需求在 100 万元至 1000 万元的头部小微企业服务，难以服务 100 万元以下的长属小微企业。

具体来看，在我国的分层次金融供给体系以大型银行、股份制银行为主，这些银行又以服务大型企业、国有企业为主，贷款审核通常采用线下、人工的方式进行，单笔放贷成本较高，难以满足小微经营者几万元、几十万元的贷款需求。城商行、农村商业银行（以下简称"农商行"）等区域性银行等虽然具有服务当地中小企业的优势，然而对于缺乏规范财务数据、信贷记录和抵押品的微型企业、个体工商户，甚至路边摊、农户等，触达渠道和风控能力有限。因此，使用传统线下信贷方式服务小微客户，收益低、成本高、风险大，商业模式不可持续。

另外，服务小微企业领域金融机构竞争不足，小微企业数量多而融资供给主体少。美国在发展过程中，不同阶段的小微银行曾有3万~5万家；目前中国小微企业包括个体工商户的数量为1亿家左右，但为其提供融资服务的银行仅有数千家。

总体而言，我国的小微融资供给主体无论从数量上还是从服务机制上，都难以与广大小微融资需求相匹配。

二、数字信贷服务小微企业和小微经营者的实践

近年来，数字技术的发展带来了金融效率提升和金融新市场。首先，金融科技通过大数据、云计算、人工智能等核心科技打造了全新的金融流程和商业方式，为金融业带来效率的提升。其次，新技术将过去商业不可持续金融服务发展成为有巨大商业潜力的数字金融，服务到了过去无法服务的消费者、小微企业等，创造了一个全新市场，提升了金融的普惠性、便捷性。

我国银行业中也诞生了几家"特殊"银行——互联网银行，借助线上渠道和大数据风控等金融科技手段的力量，能把资金精准输送到现有银行体系无法触达的小店、小摊贩等实体经济的

"毛细血管"中。

网商银行累计服务我国 2900 万小微企业

截至 2020 年 6 月，网商银行累计服务客户超过 2900 万，累计放贷超过 5.3 万亿元，不良率维持在 1.5% 左右，户均余额 3.6 万元，70% 以上的客户为首贷客户。

网商银行聚焦"小微更微"客户，大部分客户是传统银行未能触达的长尾客户群体。其客户来源聚焦电子商务、线下收单等平台生态。其中，线下客户占据主导，主要包括各类"码商"（以移动支付二维码进行收单的小微企业），如夫妻店、早餐铺等未被 POS 机等传统金融服务覆盖的小微生活场景；线上客户主要为源于集团内淘宝、天猫及阿里巴巴电子商务平台上的 B 端商家。

在用户授权的基础上，网商银行数字小微信贷的风控基础在于其对海量数据的搜集和运用，其中包括大量非传统风控使用的替代性数据。主要包括：（1）经营类数据，包括淘宝、天猫、速卖通、B2B 等的交易和店铺相关数据；（2）金融类数据，包括转账、支付、保险、理财、借贷等数据；（3）外部数据，包括不同场景下的数据，例如农村场景下县域、土地、作物生产相关的数据，物流场景下的驾驶、位置等数据。

网商银行背靠阿里强大的生态圈，各个场景每日持续生产并更新数据，如电商、社交、物流等。通过与股东的深度合作，网商银行具备了持续获取数据的能力，不但可以保证数据的完整性与实时性，还可以及时捕捉趋势变化的信息。在用户授权的情况下，网商银行目前可以利用各类模型对授信过程中的关键指标进行真实性判断，准确度通常高达90%以上，因为采集的大部分数据都是基于现实中的交易和支付场景，并通过了多层数据验证，如在店铺交易的真实性判断中，可以利用机器学习算法进行辨别，剔除虚假交易，然后根据真实的经营状况进行授信额度的评估。借助多维、实时、动态数据的海量积累，线上风控建立了大量模型，形成了差异化的授信和定价策略，实现了数字小微信贷的自动化审批。

从企业规模看，网商银行已提供服务的长尾小微企业群体呈现明显的"小微更微"特点。抽样调查数据显示，被服务小微企业中员工人数5人以下企业占比超过50%，处于初创期和成长期的小微企业数量超过80%。

从企业分布和企业类型看，被服务小微企业是分布在我国绝大部分城镇街头巷尾的各类"小本生意"，其中65%分布在三、四、五线城市及以下城镇、乡村。这些长尾小微商家中30%以上是快餐店、大排档、小吃摊等类型的餐馆；20%以上是便利店、小卖部、士多店、烟酒铺等零售店；10%以上是菜市场或街头菜铺、肉铺、水果摊等生鲜业；其余分别为饮品店、服装店、家装店、生活服务店、化妆店、小型娱乐场所等。

从企业金融需求看，与头部、中部小微企业往往单次需要100万元至1000万元融资额不同，长尾小微企业呈现"小额高频"特性，截至2020年6月，网商银行的户均余额仅为3.6万元。

2019 年，网商银行获得了世界银行集团和二十国集团（G20）旗下的"全球中小企业论坛"颁发的年度"全球中小微企业银行奖"，以表彰其在小微企业贷款难问题上作出的突破与贡献。这也是普惠金融领域的全球最高奖项。

三、数字信贷服务小微企业对于金融供给侧改革的意义

一是形成了小微企业分层化服务的格局。在中国，基本上形成由大型商业银行服务头部小微企业，中小型银行和地方城商行服务部分中部小微企业，包括网商银行在内的互联网银行和部分合规小贷公司主要服务微型企业的分层次发展局面，"几家抬"局面初步形成。

二是探索出解决长尾小微企业融资可获得性的商业可持续模式。这种模式核心就是互联网触达用户加上数据化授信和风控，这种模式不仅在中国，而且在全球都有可复制性，成为支持实体经济发展的重要的"毛细血管"部分。

三是丰富了中国的金融体系，在一定程度上实现"个性化、差异化、定制化"的小微企业金融服务。针对我国长尾小微商家创新出来的成体系的互联网贷款技术和商业模式，在全球金融科技中具有独创性和领先性，在一定程度上代表了中国金融科技的发展水平。

第三节 数字信贷服务长尾个人用户

近年，消费已成为我国经济稳定运行的"压舱石"和增长"主引擎"。2019 年，消费支出对国内生产总值增长的贡献率为 57.8%。2020 年，在新冠肺炎疫情的冲击下，出口受限，经济增长需要更多依赖"内循环"。未来，我国经济将步入长期依靠国内消费为主要驱动力的时期。

消费信贷具有明显的促进消费作用，并可以平滑消费者的收入波动。但当前我国商业银行体系主要服务 5 亿左右的有信贷记录的个人用户，仍有超过 5 亿成年用户即长尾个人用户①的消费信贷需求难以被有效满足。近年我国数字信贷取得长足发展，在服务数亿长尾个人用户方面卓有成效。

一、近年我国消费信贷发展存在的问题

（一）我国消费信贷存在结构性失衡问题：4 亿多成年人获得 90% 以上消费信贷，超 5 亿成年人消费信贷或不足或缺乏

发达国家 80% 以上成年人可获得消费信贷，我国仅 40% 成年人

---

① 在金融领域，长尾用户指收入中等或偏低、缺乏商业银行有效信贷记录的普通个人用户。长尾用户概念来源于长尾效应，是指在互联网时代，一些原来不受到重视的销量小但种类多的产品或服务由于总量巨大，累积起来的总收益超过主流产品的现象。

可以获得。2017 年美国成年人征信覆盖率达 95%，瑞典的征信系统已覆盖全国 16 岁以上人群。我国大陆地区征信系统近年取得长足进展，截至 2017 年底已采集 9.9 亿自然人信息，但形成有效征信记录的人数为 4.8 亿人，占我国成年人比例不足 40%。

我国消费信贷配置不均衡现象突出。从可获得性角度看，我国居民消费信贷可分为三个层次，第一层次是信贷相对充足层：以 2017 年为例，我国 39.78% 约 4.8 亿成年人通过商业银行获得了我国 93% 约为 30.37 万亿元的消费贷余额；人均余额约 6.33 万元，去掉房贷和车贷后的狭义消费信贷人均余额约 1.97 万元。第二层次是信贷相对不足层：2017 年我国 22.74% 约 2.74 亿成年人通过银行以外的机构、平台获得了我国剩余 7% 约 2.31 万亿的消费信贷余额，人均余额为 8418 元，远低于银行服务群体的 6.33 万元和 1.97 万元。第三层次是信贷短缺层：2017 年我国还有 37.48% 约 4.54 亿成年人没有获得过消费信贷。

（二）长尾用户缺乏信贷记录，触达、风控成本较高，困扰金融业发展普惠型消费信贷

解决 5 亿多消费信贷缺乏或相对不足人群的可获得性问题，显然是我国消费信贷领域的当务之急。但这 5 亿多人群没有在商业银行完成首贷，未形成有效征信记录，这导致商业银行客观上难以服务。此外，商业银行利用传统线下方式服务长尾用户，还面临触达、风控成本高，商业模式难以持续的难题。

（三）局部存在多头借贷，以及消费信贷被用于房地产和过度消费现象

近几年消费信贷被违反用途挪至房市等投资渠道的现象较为突

出。例如，2017 年下半年银保监会曾会同多地政府和银行合力打击"消费贷流入房市"。此外，当前确实出现了一些现金贷用户多头借贷、过度消费现象。少量用户不考虑或少考虑还款能力，钻民间中小型现金贷平台间借贷数据共享不足的空子，多头借贷，过度消费，造成了部分逾期难还现象。

二、我国数字普惠型消费信贷的市场实践

数字消费信贷在促进消费下沉中扮演着重要角色，是银行消费信贷的有效补充。市场上主要的创新型互联网消费信贷产品如蚂蚁集团旗下的花呗和借呗、京东数科旗下的京东白条、微众银行旗下的微粒贷等，都是大型互联网企业通过旗下持牌的小贷公司或互联网银行，借助生态体系内的大数据能力和数字化手段来触达未被传统征信体系覆盖的长尾客户。以花呗为例，目前用户量超过 1 亿人，主要服务我国消费信贷相对不足和缺乏人群，花呗用户与商业银行信用卡客户重叠率在 25% 以下。

数字消费信贷的普惠性特征较为明显。以微众银行旗下的微粒贷为例，截至 2019 年末，"微粒贷"已向全国 31 个省、直辖市、自治区近 600 座城市超过 2800 万客户发放超过 4.6 亿笔贷款，累计放款额超过 3.7 万亿元；授信客户中约 77% 从事非白领服务业，约 80% 为大专及以下学历；笔均贷款约 8000 元，超过 70% 已结清贷款的利息低于 100 元。以蚂蚁集团旗下的花呗、借呗为例，花呗用户约 50%、借呗用户约 43% 分布在三线及以下城市，59% 在 35 岁以下（包括 35 岁），截至 2018 年 12 月底人均授信额度不到 4000 元；

花呗各线城市用户人均支付金额仅是信用卡平均金额的37%～40%，60%的借呗用户单笔借款小于2000元，主要使用场景为小微场景，如小区便利店、早点铺等。

数字消费信贷创新性利用多维度信用大数据解决风控及信用数据不足难题，利用新技术和场景优势实现商业模式可持续。传统金融征信主要依赖借贷和金融交易数据，针对我国数亿用户没有借贷记录的现实，数字消费信贷依据移动支付技术和大数据，并利用部分第三方数据，为我国超过数亿的"信用白户"建立了数字信用记录，并创新风控模型开展线上实时风控。与传统银行使用线下信贷模式不同，数字消费信贷采用了纯线上的互联网信贷模式，实现了商业模式可持续。

另外，科技企业还可以利用精准场景、适度授信和风控技术创新等方式防止消费贷流向房市，避免过度消费和多头借贷。通过将消费信贷内置于线上、线下真实消费场景，科技企业实现了消费贷精准用于居民消费。现实中被挪用于炒房的消费贷多数为超过10万元规模的大额贷款，借呗等产品通过适度授信等方式，将消费贷借款额度控制在数百元至数万元规模，有效降低了该种可能性。从花呗、借呗用户支用情况来看，目前花呗户均账单金额仅900元左右，借呗笔均支用金额仅3000元左右，这表明花呗、借呗就是用于日常小额消费场景的产品；花呗、借呗用户的授信额度使用率分别都不超过20%、50%，在授信额度原本就比较低的情况下，一定程度上反映了用户借贷行为是理性的，没有过度使用信用杠杆。

从消费用途看，花呗主要被用于生存类、实物类和非耐用品类等生活刚需消费，并没有超出能力去追求享受型和大件高额耐用品消费。蚂蚁集团还开发了业内领先的多头借贷识别模型，并与商业银行、主要非银机构充分共享数据，在控制多头借贷方面成绩显著。

三、普惠型数字消费信贷发展实践的重要社会价值

第一，数字消费信贷在经济下行压力下拉动消费和平滑消费效应明显，在拉动三线及以下城市消费方面作用较大。厦门大学和北京大学基于花呗的微观用户随机实验数据进行定量测算[①]表明，相对于不准入消费信贷的用户，准入的用户月度消费增加了约 73 元，每位用户年消费增加约 876 元。此外，即便对于授权额度没有使用的零支用群体，互联网消费信贷依然起到了促进消费的作用。高额度零支用组每千元信贷额度促进消费增长 27 元，低额度零支用组每千元信贷额度促进消费增长 58 元。这说明没有被使用的消费信贷充当了"备用流动性"，缓解了用户对于未来收入不确定性的忧虑，进而起到减少其预防性储蓄、增加消费的作用。

研究团队于 2017 年 6 月开展的随机试验研究结果也表明，相对于不被准入的对照组用户，得到信贷准入的实验组用户线上月均消费增加 32 元，线下月均消费增加 41 元，该结果说明数字消费信贷对线下消费促进作用高于线上消费，分城市线级来看，消费信贷对推动消费向三线以下城市、县域下沉可起到明显作用。

---

① 纪洋：《互联网消费信贷、流动性约束与居民消费》，厦门大学经济学院金融系，北京大学数字金融研究中心，2019，https：//idf. pku. edu. cn/yjcg/gzlw/498986. htm.

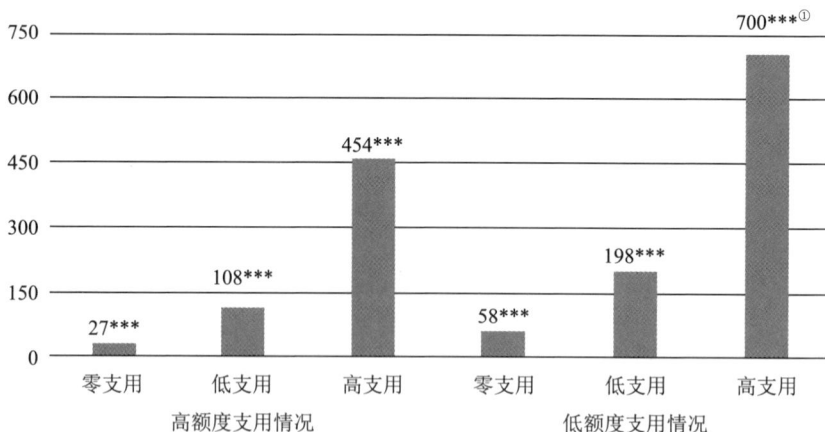

图3—1 创新型互联网消费信贷准入对高、低额度不同
支用情况的消费促进作用

数据来源：纪洋：《互联网消费信贷、流动性约束与居民消费》。

第二，助力我国消费信贷供给侧改革向多层次、多元化的良性方向发展，并有效缓减消贷的结构性失衡问题。西南财经大学2019年《中国居民杠杆率和消费信贷问题研究报告》覆盖全国的3000多户家庭的调查数据显示：城市线级越低，非银行消费信贷参与率越高，收入水平越低，非银行消费信贷参与率越高，资产越低的家庭非银行消费信贷参与率越高。目前，我国商业信贷领域的良性格局正在形成。商业银行主要服务近5亿有银行信贷记录人群，发挥金融助力消费主力军作用；包括蚂蚁集团、京东数科在内的数字信贷非银机构主要服务数亿长尾用户，发挥金融助力消费的有益补充作

① ***表示1%置信水平下显著，表示该系数有99%的概率不等于0，即有99%的把握认为该系数是可靠的。

用，在一定程度上缓减了我国消费信贷的结构性失衡，并在未来有潜力发挥更大的缓减作用。

第三，数字消费信贷为我国数亿"信用白户"建立数字信用记录，并培育其金融和商业信用意识，有助加快我国完成征信体系全覆盖进程。全球已进入数字经济时代，尽快建成覆盖全民的信用体系是我国实现数字经济全球领跑的最关键金融基础设施之一。经过改革开放 40 余年的努力，我国为 40% 的成年人建立了有效金融征信，按照发达国家上百年的建设过程推算，我国实现征信全覆盖可能还需要数十年的漫长时间。数字消费信贷为我国数亿"信用白户"建立数字信用，并通过金融产品大规模培育其守信意识，对我国加快全民信用体系建设作出了一定贡献。

第四节　数字信贷服务"三农"

我国农村金融业务已经开展了数十年时间，其在不同阶段均很大程度上助力了农业、农村和农民。但时至今日，农村金融业务难言成功，我国没有信贷记录的 5 亿多成年人中间，大部分是农村居民；相比对城市实体经济的支持力度而言，金融业对"三农"支持明显不足。

在上述新形势下，蚂蚁集团、京东数科、苏宁金融等的农村金融业务有了新的深入实践。根据中国人民大学普惠金融研究院的研究结论，我国农村数字普惠金融的实践模式分为三类。与传统线下模式的农村金融业务相比，我国农村数字普惠金融在多维度大数据、新型金融科技手段、商业模式等方面呈现出明显的不同。

一、我国农村数字普惠金融的最新实践与模式

（一）基础型县域数字金融服务：数字金融机构＋电商平台＋县域小微企业与农户

该模式的主要参与机构是蚂蚁集团、京东金融、苏宁金融等金融科技公司，近年来一些农村金融机构，如浙江农信也开始在当地推行这种业务模式。这些机构依托于其生态体系内的淘宝、

天猫、京东、苏宁云商、丰收家商户等电商平台，对有良好的行为信息、营收信息的个人、小微企业、农业产业经营者进行授信。

基础型的数字金融服务由于所掌握的信息维度不多、信息强度较弱，一般情况下其授信比率和授信额度不高。

（二）加强型县域数字金融服务：数字金融机构＋政府＋农业产业经营者

该模式的主要参与机构是蚂蚁集团，其主要服务对象是提供了农业生产基础数据的农村产业经营者。在此模式下，由于涉农数据维度有所增加，加上蚂蚁集团自身平台已有的行为数据，可以为服务对象提供较大额度的授信，同时授信范围也较广。

以蚂蚁集团为例，网商银行通过与县政府签约，在县域提供"互联网＋城市服务"，在提供智慧政务、民生服务的同时，也在支付宝内开通针对当地农户的普惠金融申贷入口。运用县级政府在行政行为和公共服务过程中产生的数据，网商银行协同当地政府建立"专属授信风控模型"（数据权属仍属于当地政府和居民），据此为当地农户提供更广泛、更精准的数字化信贷服务。

2018年6月，网商银行启动该项金融创新业务。截至2020年6月底，网商银行"县域数字普惠金融"模式已签约落地全国26个省份，覆盖超600个县域，开始向全国超过1/3的县域提供服务。

近年来，一些地方的农村金融机构也开始意识到大数据风控模式的重要性，逐步开始推行线上的数字信贷。在陕西宜君、安徽金寨的调研过程中，由当地省联社搭建的手机银行业务中也于近期开始推行数字信贷业务。

（三）升级版产融结合模式：数字金融机构＋农业科技机构＋种养大户

该模式的主要参与机构是蚂蚁集团、京东数科等机构，通过将金融科技与现代农业科技结合，可以为种养殖大户提供较大授信额度的支持，同时链接农业技术服务机构，在一定程度上带动农业科技的发展。

该模式创新性地将卫星遥感摄像、光谱识别等科技手段引入金融业，对农业大户进行更精准的大数据风控和预授信。升级版的新产融模式还推出了玉米、高粱、小麦、水稻等主粮风控模型和棉花、大豆等大田风控模型。当种粮大户发起预授信申请时，上述科技模型可以快速地对人、地、作物进行关联，作出智能预授信判断。

二、农村数字信贷发展的三大趋势

（一）相比传统农村金融的线下服务方式，数字信贷服务效率高、商业可持续性好，有望迎来快速增长

数字普惠金融信贷相比线下模式的普惠金融，覆盖人群更广泛，发展速度呈几何级增长。践行普惠金融服务的尤努斯教授在超过40年的时间内帮助了超过800万农村妇女获得贷款；而作为金融科技的代表，互联网银行在短短3—4年内服务的客户数就超过了格莱珉银行（表3—1）。

表3—1　互联网银行的普惠金融业务覆盖面广

银行	普惠金融服务情况①
网商银行	近3年累积服务涉农用户超过700万户，累计发放贷款超过5115亿元
微众银行	2018年一年中，在29个国贫县的"微粒贷"累计信贷规模超500亿元
新网银行	开业3年以来，客户总数为1605万人，80%客户来自三、四线城市和农村地区，累计放款金额1601亿元

同时，数字普惠金融的服务对象多数是传统金融未覆盖到的人群。从表3—2的分析中可以看出，互联网银行的主要服务对象是"信用白户"，也就是此前未获得过正规金融机构贷款的人群。

表3—2　互联网银行的授信对象多数是首次获得银行信贷

银行	首次获授信客户情况②
微众银行	授信企业客户中，2/3属于首次获得银行贷款
网商银行	80%的县域金融服务授信客户，属于网商银行独有客户
新网银行	80%的客户来自三、四线城市和农村地区，大量人群首次获得银行贷款

数字普惠金融触达、风控、贷款、贷后管理等成本更低。根据中国人民大学小微金融研究中心的调研，2015年中和农信的实际贷款利率为19.2%③，其中总成本为18.4%。在成本构成上，客户触达、风控、放贷、贷后管理等运营成本占到贷款总成本的55.4%左右。与此相比，互联网银行的成本较低，如蚂蚁集团，其每笔农村

---

① 数据来源：2018年银行年报。

② 数据来源：2018年银行年报及调研访谈。

③ 数据来源：中国普惠金融研究院《农村小额信贷利率研究报告》。2015年，中和农信的实际贷款年利率为19.2%，其中贷款总成本为18.4%（包含资金成本、运营成本、贷款损失等，其中资金成本为7.2%，贷款损失小于1%，由此推算其运营成本约为10.2%）。

信贷的运营成本，仅为 2 元左右。

数字普惠金融服务商业可持续性更好。在各类型银行中，互联网银行的普惠金融服务商业可持续性更好。无论是单纯考虑风险的不良率指标，还是更加客观的经过风险调整的收益风险比指标①，均远好于目前农村金融服务主要供应商农商行（表3—3）。

表3—3　2018 年底互联网银行的收益风险比情况

名称	不良贷款率（%）	净息差（%）	收益风险比率	主要客户群体
网商银行	1.3	5.4	4.2	小微企业、农户②
微众银行	0.51	3.9	7.6	个人消费为主
农商行	3.96	3.02	0.8	"三农"

（二）未来相当长一段时间，传统农村金融机构仍将是县域金融服务的主要提供商，数字普惠金融机构将发挥补充作用

目前，大中型银行投入更多的是"农村"贷款，农村贷款很多是面向基础设施、大型项目、大中型企业，而"农业""农户"贷款两个方面，农村金融机构占有大部分比例。农村金融机构，包含农商行、农合行、农信社、村镇银行，均属于小型银行，在农业和农户贷款中的比例分别占到了71.6%和58.6%，占据了农村金融服务的大半部分，是农村金融服务的"主力军"。

传统农村金融机构巨大的资金体量和成本优势，决定了在未来相当长的时间里，其仍然是头部"三农"用户主要金融服务机构。

---

① 收益风险比＝银行的净息差/不良贷款率。

② 2017 年末，涉农贷款余额为 39 亿元，占全部余额的比率为 11.9%。网商银行是蚂蚁集团中专业服务于小微企业和农户的银行业机构，在授信时会根据客户资料排除个人消费业务，其个人消费业务主要由其小贷公司承担。

与此同时，服务长尾"三农"用户的数字普惠金融机构将对我国农村金融服务发挥有效补充的作用。

（三）农村数字普惠金融将与传统金融合作发展

数字金融技术领先的机构，如网商银行、微众银行、新网银行等，通过与农村金融机构合作，提升双方的盈利水平，同时提升农村金融机构的数字风控水平，也可一定程度上降低产业融资成本①。

例如，在安徽全椒与金寨县，网商银行上述 3 种农村产业金融服务模式，均对地方商业银行开放。截至 2019 年 8 月，蚂蚁集团农村金融业务的合作机构已超过 50 家，涉及的城商行、农商行超过 20 家，村镇银行近 30 家。目前，已有超过 20 家合作机构正式上线展业。

同时，科技企业通过科技赋能、资金支持等方式，我国中和农信等小贷公司数字普惠金融能力进一步提升。中和农信是国内起步早、发展较为成熟的农村金融小贷公司，蚂蚁集团近年采取出资、科技支撑等方式放大其服务"三农"的能力。此外，蚂蚁集团近期还采取科技平台搭建、风控模型搭建、智能风控能力建设等科技赋能方式，支持多家合作小贷公司服务农村客户或县域小微企业。

三、我国农村数字信贷实践的社会价值

（一）增加"三农"融资可得性，为县域经济发展带来新的金融"活水"

网商银行、京东数科、苏宁金融以及传统金融机构推出的数字

---

① 农村金融机构的资金成本相对互联网银行一般较低，在 3% 以下，而互联网金融机构，根据调研访谈资料，网商银行的资金成本在 5.5% 左右。

信贷服务方式，有效提高了长尾"三农"用户金融服务可得性，助力地方政府缓解"三农"融资难。根据大数据结果，网商银行"县域普惠金融"模式上线时间超过 10 个月的县域，相比上线前，其历史放款人数、历史放款金额、余额客户数、贷款余额等，均有 100% 以上的增长率。河南省内乡县在一份政府材料中总结称："通过网商银行的'310'信贷服务，让内乡县居民享受到真正意义上的普惠金融，破解了农户'融资难''融资贵''融资慢'难题。"

（二）为金融业服务"三农"探索了新路径

以网商银行利用多维度大数据风控模式，更精准地为"三农"授信、贷款为例，该方式将传统农村金融的"劳动密集型"转变为"数据密集型"和"智力密集型"，从而使运营成本大幅下降，商业模式更可持续。目前网商银行每笔农村金融信用贷款的运营成本，仅为 2 元左右。

此外，网商银行线上信贷模式还在部分地区形成普惠金融带动效应。仍以河南内乡县为例，本地农商行在网商银行深化服务后，同样通过县域居民数据归集和利用的方式，开发出"内乡快贷"产品，针对县域内企事业单位公职人员、个体工商户和农户推出无担保、无抵押的小额信用贷款。

（三）创新农村经营主体的信用评价模式，加快了农村信用体系建设

中国人民银行、中国银保监会、财政部、农业农村部五部委在《关于金融服务乡村振兴的指导意见》中专门提出"加快推进农村

信用体系建设"，要求"加强涉农信贷数据的积累和共享，通过客户信息整合和筛选，创新农村经营主体信用评价模式"。我国的农村数字信贷相关实践响应了该指导意见的号召，创新了农村经营主体的信用评价模式。

第五节　互联网联合贷款——金融业发展数字信贷的重要抓手

联合贷款是指金融机构之间，以及金融机构和非金融机构之间，为更多更好地服务客户而合作开展的信贷业务。传统的银团贷款，银行与各种商业场景结合发放的联营信用卡等，都是线下模式的联合贷款。近年来，随着数字经济条件下数字金融的兴起，线上模式的联合贷款开始出现，例如线上信贷引流、电商场景的订单融资，以及各类互联网联合贷款。

近三年，作为数字信贷的一种创新模式——互联网联合贷款——在中国快速发展。2020 年 7 月中旬，我国银保监会发布《商业银行互联网贷款管理暂行办法》（以下简称《办法》）。银保监会有关部门负责人在书面"答记者问"时指出，近年来，商业银行互联网贷款业务快速发展，各类商业银行均以不同方式不同程度地开展互联网贷款业务，具有积极作用，也有一定的风险隐患，《办法》有利于"补齐制度短板，促进互联网贷款业务规范发展"。

互联网联合贷款是符合市场规律的"多方共赢"方式，具有其发展的合理性。在互联网联合贷款中，商业银行通过联营合作机构的多维度大数据，拓展了客户渠道，降低了信息获取成本，提升了风控效率；联营合作机构则为客户提供更好的消费体验，促进业务增长；消费者则获得了更好的消费体验、更低的信贷门槛和贷款利率。

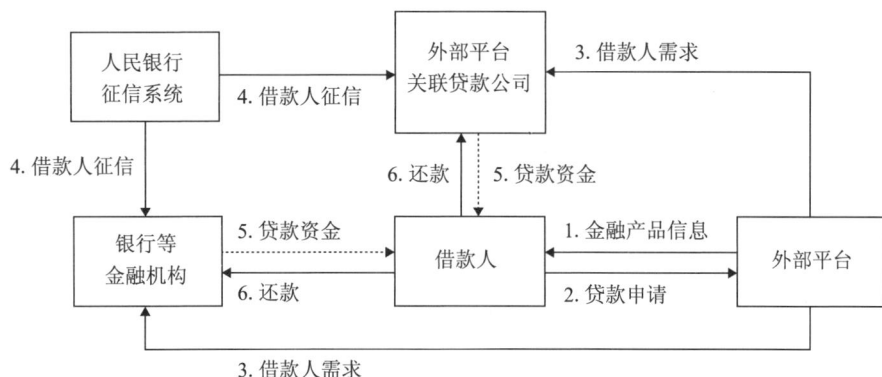

图3—2 互联网联合贷款图示

一、联合贷款的国外实践

联合贷款一直以来就是银行业获客、展业的常规手段。金融业由于缺乏商业场景，和场景方的牵手成为必然选择；为了追求效率的提升和风险的分散，金融机构之间的信贷合作也成常态。比如，国内外金融业普遍为大型项目提供银团贷款，与大型零售商、电信公司、航空公司等消费场景合作发放联名信用卡，与产业链上的大型核心企业合作开展供应链金融，与房地产、汽车销售机构合作开展房贷、车贷业务。上述联合贷款中，场景方的客户、数据、闭环流程都成为银行展业和风控的必不可少的条件，有时甚至是决定性条件。可以说，只要谈"场景金融""交易银行"，就无法回避联合贷款这个模式。

现代科技发展让联合贷款更加深入和丰富。移动互联网、大数据和 AI 的发展，使金融业和场景方的融合更加深入，这已经是全球方兴未艾、无法阻挡的趋势。比如，花旗银行和澳洲航空（Qantas）以开放 API 模式推出新型联营信用卡，客户可以直接在澳洲航空 App 上完成从开户到支付、还款的全部交互过程，澳洲航空负责账户管理，并且和银行信息共享。近期，高盛集团和苹果公司合作更是推出数字信用卡 Apple Card，苹果的硬件、软件和用户信息，与高盛集团的金融服务无缝连接，共同为双方素未谋面的海量用户提供全新体验的移动互联网消费金融服务。

企业贷款领域，美国的 OnDeck 和 Kabbage 头部互联网平台，也在为传统金融机构提供小微企业贷款解决方案。早在 2015 年，摩根大通等多家银行就与 OnDeck 达成合作，共同开发小额美元贷款产品。Kabbage 公司旗下的 Kabbage Platform 目前也和 ING、FleetCardsUSA、Sage 和 Santander 等多家金融机构合作。在非洲，也有 Jaza-Duka 这样的大数据平台为肯尼亚银行提供小额贷款风控服务。

近年来，在全球范围内兴起的开放银行（Open Banking），实际上就是银行主动出击，以开放数据和金融服务接口的方式切入分散化的场景数据中，实现金融服务的下沉。未来的金融将会是真正以客户为中心的场景化服务。通过市场机制自发形成的联合放贷，是实现数据融合的可行和有效的路径。

二、我国互联网联合贷款的创新实践情况

近三年来，中国在数字信贷领域进行了创新的联合贷款实践。联合信贷有多种商业模式，一是互联网机构与传统银行业之间的联

合放贷，如网商银行的网商贷、微众银行的微粒贷、新网银行的好人贷，还有蚂蚁集团旗下的花呗、借呗产品，都是通过与商业银行合作，进行联合放贷。二是传统金融机构之间的联合放贷，如招联金融、马上消金、中原消金等多家消费金融持牌机构，由于自身的杠杆率和资本金限制，都通过与银行业合作来服务客户。三是金融科技赋能传统金融机构开展互联网信贷业务，如飞贷金融科技向银行输出移动信贷技术解决方案，网商银行和中和农信（专注于农村金融的小微金融机构）以数字技术合作探索"线上＋线下"结合的农村金融新模式。通过联合放贷，互联网机构、股份制银行、城商行、小微普惠贷款机构实现了优势互补，共同服务了众多的小微企业、个人经营者和长尾消费者。另外，这些联合信贷产品已经脱离了实体网点和金融 App，嵌入娱乐、消费、购物等生活场景中，随时随地满足客户需求，联合放贷成为中国银行业实践"开放银行"的重要抓手。

三、互联网联合贷款的本质属性

无论新旧，联合贷款的本质都是"优势互补、信息共享、独立风控、风险自担"。

"优势互补"指机构间基于专业分工和比较优势进行深度协同、优势互补。

"信息共享"指机构间在经过客户授权、保护客户隐私前提下进行必要的信息共享。

"独立风控"指出资机构利用合作方的信息进行辅助风控，但具有独立决策权和独立的风控体系。

"风险自担"指如果联合出资，则出资方按出资比例承担相应风险，不要求其他机构进行兜底或者担保。

四、互联网联合贷款的创新意义与价值

（一）快速提高小微企业和长尾个人消费者金融服务的可得性

我国小微企业融资和个人消费信贷领域的"二八现象"依然严重，现实中大量小微企业和普通个人用户难以得到商业银行信贷服务。长尾小微企业和长尾个人难以获得金融支持的根本原因在于其缺乏抵押物和缺乏有效信贷记录，金融机构难以完成准确信用评估。再进一步，有效信贷记录的缺乏是因为其可供信用评估的可信数据断裂。通俗地说，大量长尾小微企业和长尾个人是"信用白户"。

进入数字经济时代后，互联网企业通过小微企业和个人移动支付、购物、经营以及大量第三方数据整合，通过大数据风控的方式为"信用白户"形成征信评估，并据此进行金融支持。相比传统的线下模式，其获客、风控、贷款、贷后管理等成本大幅下降，商业模式也更可持续。

但互联网企业在找到服务方法的同时面临痛点。互联网平台拥有触达长尾客户的丰富场景，互联网生态沉淀的海量行为数据，以及在实践中锻炼起来的大数据风控技术，但是苦于资金成本高，资金渠道受限，难以做大规模，难以充分满足长尾市场需求。与此同时，商业银行的融资渠道多，资金成本低，但是由于缺少场景和数据，在服务长尾客户时面临触达难、风控难、授信难和运营难等多

重痛点。

只有通过互联网平台和商业银行的合作联营，优势互补，才能在覆盖更多客户的同时降低信贷成本，实现真正意义上的"普"和"惠"。

（二）有利于合作银行拓展普惠金融业务、提高金融科技能力，加快数字化转型升级

首先，通过互联网联合贷款，合作商业银行拓展了大量普惠客户，普惠金融业务能力得到拓展。目前，我国金融科技机构向合作银行引流的客户绝大多数是商业银行信贷客户以外的长尾客户，其信贷业务也是商业银行一直试图开展的普惠金融业务，因此此类合作有利于商业银行业务结构、客户结构更趋合理。

其次，互联网联合贷款有利于合作商业银行打破信息孤岛，融入各类数字经济场景，真正发展"开放银行"。目前，个人和企业的数据都碎片化地分散在各类机构，互联网平台上有长尾客户在其生态体系内沉淀的行为数据，银行则拥有客户的收入流水、资产负债、信用历史等数据，第三方机构如税务、工商、医保、国土、房地产等部门则拥有他们在生活、经营场景中的其他重要数据。在保证数字安全和主体隐私的前提下，如果能够摸索出一种有效的机制打通社会上的大规模可信数据源，就可以实现对个人和企业更深刻、更精准地画像，进一步提升金融服务效率并降低成本。

最后，互联网联合贷款还能提升合作商业银行金融科技能力，加快其数字化升级转型。利用互联网平台数据、技术和产品方面的经验，可以更快速地实现银行金融科技能力的全面提升。特别是近年来，大型银行的客户下沉策略让中小银行的获客压力急剧上升，中小银行急需开辟自己的生存空间，和互联网平台联营是中小银行的现实选择，也是主动拥抱金融科技，实现经营转型、能力提升的必然。

（三）从金融业供给侧改革的高度看，互联网联合贷款有利于金融业更高质量服务实体经济"毛细血管"和提振消费

长期以来，长尾小微企业的融资需求无法获得金融机构支持，这对提高我国社会资源配置效率以及实体经济发展不利。我国的互联网联合贷款实践为我国长尾小微企业获得金融服务探索出可行路径，切实助力了我国实体经济中十分重要的"毛细血管"部分。同样，互联网联合贷款大规模服务我国普通个人用户的消费信贷需求，有利于提振居民消费。

第四章

数字理财

由于所处的经济发展阶段等原因，我国理财市场的发达程度一直落后于欧美等发达国家和地区。近年，随着互联网技术在金融领域应用的深入，发达国家和地区的数字理财也取得了较快发展。相比较而言，我国数字理财虽然也取得了一些局部突破和创新，但总体仍然较为落后。

值得期许的是，我国居民理财需求持续上升，我国金融业的科技创新能力较强，并且监管部门也在为加速这一市场的发展创造良好的外部环境。因此，中国数字理财市场正呈现令人鼓舞的变化，潜力正在被激发。

第一节 数字理财发展现状和优势

近几年，我国在数字理财领域的相关探索取得了一定成效，市场规模和用户规模都有了大幅度的增长。目前来看，海外成熟市场数字理财的创新实践，有较多值得我国借鉴之处。

一、国内外数字理财发展概况

（一）我国数字理财发展现状

中国互联网络信息中心的统计数据显示，截至 2019 年 6 月，我国购买互联网理财产品的网民数量已达到 1.69 亿（见图 4—1）。腾

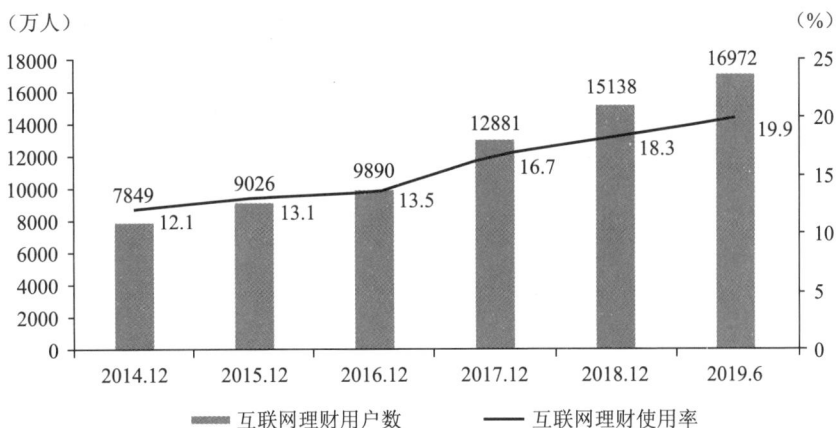

图 4—1 2014—2019 年中国互联网理财用户数及使用率

数据来源：中国互联网络信息中心。

讯金融科技智库联合国家金融与发展实验室发布的《互联网理财报告》显示，截至 2017 年，我国互联网理财规模由 2013 年的 0.22 万亿元增长到 3.15 万亿元；互联网理财指数（以互联网理财规模在居民金融资产中的比重进行衡量）由 2013 年的 100 点增长到 2017 年的 695 点，增长了近 6 倍。

此外，新冠肺炎疫情正在推动线上化理财需求进一步上升。西南财经大学和蚂蚁集团研究院 2020 年 6 月的调研显示，疫情之后不同金融资产规模、不同地区和不同年龄段的中国家庭线上投资意愿指数均有不同程度的上升。

从供给端来看，目前国内数字理财呈现多元化主体共同参与的格局，参与主体主要分为三种类型：一是券商、基金、银行等传统财富管理和资产管理机构，通过开放移动 App 渠道向客户提供证券买卖、基金销售、智能投顾服务；二是专门提供金融咨询、证券交易和基金代销的互联网券商或第三方平台，如同花顺、天天基金、东方财富网等；三是发展支付、理财、保险等综合服务的互联网企业，如腾讯金融、蚂蚁集团等提供的第三方产品代销、投顾和投教服务。

（二）海外成熟市场数字理财概况

美国、欧洲等海外成熟市场的数字理财相对发达，且与国内市场存在较大区别。

首先，在证券交易方面，上述市场取得经纪业务牌照的券商机构可以同时为客户提供个股、债券和基金交易服务。从 20 世纪 90 年代起，成熟市场的互联网券商和在线交易就开始兴起，嘉信理财、

Etrade、TDAmeritrade 等折扣券商的在线经纪业务都取得较好的发展，近年来各券商机构的 App 理财功能也在持续完善。

其次，海外成熟市场普遍形成了庞大而成熟的投资顾问市场，并成为嫁接个人投资者和专业机构投资者之间的桥梁。至今，这些传统投顾服务在财富管理行业仍然是不可替代的重要角色。

最后，海外的智能投顾市场经过十几年的发展，已经成为理财领域常规方式之一。近年来提供传统人工投顾服务的大型银行、资产管理机构、经纪商也相继推出了低门槛、低成本的智能投顾产品，如嘉信理财（Charles Schwab）、先锋集团（Vanguard）、富达国际（Fidelity）、美林银行（Merill Lynch）等机构都拥有自己的智能投顾产品。据统计，2019 年全球智能投顾市场管理资产已达 3740 亿美元，预计到 2022 年将达到 1.35 亿美元。

在大型财富管理机构主导的市场格局之下，财富领域的创新型企业主要通过一些针对细分人群或者细分服务的创新来切入市场。主要创新方向有如下三类。

一是经纪业务领域的创新。例如，美国在线交易创新平台 Robinhood 因推出零佣金交易平台而逐渐流行。该平台的用户主要为年龄在 18 周岁至 35 周岁的千禧一代。除去提供股票交易服务外，平台还提供交易型开放式指数基金（ETF）交易服务，并推出了加密数字货币交易服务。其他一些新型交易型软件则是将投资理财与社交相结合，为客户提供一个分享和交流的平台，并提供好友跟投功能。

二是智能投顾领域的创新。以 Stash、Acorns 为代表的微投资工具（Micro Investing）从帮助年轻人进行零钱储蓄和投资的角度切入个人理财市场。这类平台处于介于投资工具和投顾工具之间，将投资与零钱储蓄的理财场景绑定的小额投资工具。相较于纯交易工具，此类平台多了一些账户管理色彩，Stash 会基于投资者设置的偏好和风险承受能力将投资者懒于管理的零钱投到股票和 ETF 上。

三是个人财务管理领域的创新。智能财务工具偏重于提供个人记账、账户整合和财务管理的工具，典型的例子如 Mint。Mint 智能记账工具借助 Yodlee 公司提供后台数据，整合个人在不同机构的账户和数据，为大众提供免费的记账和财务管理工具，其主要功能包括关注信用卡还款、支出规划等日常现金流和债务管理等。

二、数字理财相对于传统理财渠道的核心优势

（一）提升信息透明度，便于投资者进行资产优选

不论是传统理财还是互联网理财，产品多样化是必然趋势，这也要求用户要尽可能做到"多中选优"。互联网理财平台的一个重要作用是对理财产品进行信息整合，并提升透明度，其便于投资者进行广泛横向比较，作出更高质量的选择。

（二）通过智能投顾和投教引导帮助客户进行更加合理的资产配置

目前，中国家庭理财需求较大，但整体金融知识水平较低，盲目参与理财很可能因操作不当造成经济损失，甚至陷入债务危机。与此同时，我国的金融理财知识普及教育也存在较多困难，专业教育存在触达难、方式不适配、用户接收度低等问题。数字理财的重

要手段——智能投顾，可以很大程度改善现状。

智能投顾的主流模式是基于目标的财富管理，通过深度沟通与分析，对客户进行投教、长期投资理念培育和理性引导，并通过税收规划、分散投资、行为引导等，尽可能帮助客户改善长期收益。利用智能投顾辅助决策虽然不能完全取代金融知识的掌握，但能够使得大部分具有较少理财知识的用户参与到理财业务中并获得相对较好的收益，让更多人享受到理财服务。

（三）提升供需匹配和投资者适当性管理的效率

金融产品强调将"合适的产品卖给合适的人"，要设计出好的理财产品不仅要了解用户整体需求，更需要把适当的产品推荐给适合的用户，这就需要数据和技术两方面的支持。

在数据方面，互联网平台相较于传统业务更便于数据的整合与沉淀，包括各类金融交易、客户信息、市场分析、风险控制等。大型数据库的应用为金融数据的存储提供了坚实的基础，人脸识别、指纹识别、扫码支付等技术的应用为海量数据收集提供了便利。

在技术方面，互联网理财产品常常与人工智能等技术进行结合。随着算法的优化、算力的提升，尤其是知识图谱、自然语言处理等技术的发展，使更多智能化技术能够处理海量数据，并从中归纳描述、还原用户画像，进行用户和产品的归类、匹配，帮助销售机构把不同的产品匹配给不同的人。

（四）打破地域和渠道限制，促进市场良性竞争

互联网理财业务的开展没有时间和地域的限制，从营销上节约成本并提高性价比，尤其是给非银行机构的理财业务开展带来了很

多的机会。

非银行机构在开展传统理财业务时，常常遇到影响力小、影响范围小、资金流通渠道单一等问题。为解决这些问题，非银行机构需要付出高成本建设网点、增加宣传，以招揽用户。同时，传统业务的征信依赖银行机构，也增加了非银行机构理财业务的成本。互联网理财业务的发展，一方面使得非银行机构和银行机构有相同的获客机会，另一方面使得大、中、小机构在渠道端差距缩小，使得参与理财业务的各规模、各类型机构将成本从宣传成本转移到产品开发中去，并大大降低了征信成本，提高了征信效率，让真正有实力的中小机构获得更多发展机会。

第二节　海外数字理财的最新探索

近年，海外数字理财发展迅速，主要体现为三方面创新趋势。

一、传统理财机构"联姻"互联网平台

其主要表现是海外传统理财机构近年主动走入互联网场景，与互联网平台、第三方 App 进行开放合作。

跨机构开放合作是海外证券业数字化转型的一个核心方向，主要分为两类：一类是券商将系统接入生活、社交等非金融场景，便于客户在自己日常最常用的应用上进行证券交易；另一类是券商通过开放 API 接入与证券交易相关的第三方应用，如证券资讯平台、投资分析工具、投资社交平台等。

2017 年开始，美国德美利证券（TD Ameritrade）、福富达国际（Fidelity）、嘉信理财（Charles Schwab）、盈透证券（Interactive Bro-kers）都先后与亚马逊集团合作推出了智能语音机器人助理（Alexa Skill）。拥有亚马逊智能家居语音机器人（Alexa）的用户可以直接通过 Alexa 下达语音指令，获取证券机构推动的证券信息以及投资者教育的内容，甚至可以登录自己的证券交易账户，了解自己的账户情况，以及直接下单买卖股票。

德美利证券（TD Ameritrade）还和脸书（Facebook）展开合作，

将自己开发的智能对话机器人嵌入脸书的即时通信软件——飞书信（Facebook Messenger）。飞书信拥有超过 13 亿的月活跃用户。2017年，德美利证券在飞书信上推出聊天机器人，客户在飞书信中就可以与智能客服进行互动，也可以用对话的方式了解市场信息、接受投资者教育，以及执行股票和基金交易，对于没有账户的用户，还可以通过飞书信直接发起开户。

德美利证券的做法代表了一种新型的商业趋势，即开放式的平台策略和业务架构。其首席技术官 Vijay Sankaran 表示，希望能够将投教和证券交易服务带到投资者最常接触的所有场景中。在这一战略思路下，德美利证券陆陆续续接入了更多第三方平台，包括推特（Twitter）和苹果聊天软件（Apple Business Chat）。

此外，越来越多的注册券商开始向外部机构主动开发自己的应用程序接口（Application Programming Interface，API）。大型券商，如盈透证券、德美利证券都提供面向个人和机构的 API 接口，用户和第三方平台都可以通过其 API 连接其后台查询账户信息、证券资讯和进行证券交易。一些小的创业公司，如 Alpaca，甚至专门以证券交易 API 来吸引用户。

市场还上出现了专门帮助机构连接证券交易服务的第三方 API 供应商。一些创业公司①致力于为不具备交易功能的应用提供连接到券商后台的 API 服务，从而让这些应用专注于前端交互系统和客户体验方面的创新，而无须搭建自己的交易系统。雅虎金融（Yahoo Finance）上的"我的组合"（My Portfolio）功能实际上就是通过第

① 如 Tradeit，Third Party Trade。

三方的 API 接口接入券商后台交易服务，让客户能够在其页面上直接登录查看自己的证券账户，并进行交易。

创新型应用通过 API 整合外部证券交易服务进行赋能。首先是一些投资分析工具型应用①虽然自身不是注册券商，但是因为能够提供强大的图表和价格分析工具，获得了相当多投资人士的青睐，通过 API 接入了嘉信理财（Charles Schwab）、盈透证券（Interactive Trade）、外汇通（Forex. com）等主流的证券交易机构，使得其用户可以直接在平台上进行交易。近年来兴起的社交投资平台②，自身也不具备证券交易资质，主要通过接入嘉信理财等常用券商账户，在平台上实现下单功能。

二、数据开放和账户信息整合成为合作方向

其主要表现是跨机构的数据开放与账户信息整合，成为财富管理服务行业的共同选择。

近年随着开放银行理念的发展，账户数据整合已经成为美国和欧洲等成熟市场智能投顾平台的普遍实践。Personal Capital 在帮助客户整合账户信息的基础上，还为客户提供财务诊断和分析服务，进而提升客户财务规划意识，引导客户接受专业投顾服务。目前，Betternennt、Wealthfront 等智能投顾平台也增添了外部账户信息连接功能。

账户数据整合和理财规划功能在提升家庭长期财务规划意识方

---

① 如 Tradingview、Ychart。
② 如 Stocktwits、Scutify 等。

面能够发挥非常重要的作用，也是投顾人员全面了解客户非常好的工具。Mint公司具有很强的代表性。根据官方网站的数据，Mint目前拥有约5000万客户。客户可以通过授权在Mint网站上管理美国几乎所有的金融账户储蓄、抵押贷款、汽车贷款、信用卡、学生贷款、养老金和股票等。该公司已与美国多家金融机构签署了数据共享协议。通过一站式数据收集，Mint还提供增值服务，如消费者财务分析，财务规划和账单支付为客户带来了极大便利，为客户增值创造了机会。

顺应个人账户数据整合的市场需求，欧美市场发展出一批专门为创新型企业和金融机构提供个人账户数据链接的中间层企业。Yodlee的API产品主要包括三类：数据聚合、账户验证、资金流动。一是数据聚合API，利用机器学习和数据科学算法识别商户交易数据并将其分门别类，从而为上层商业生态系统内的第三方公司提供精确、清晰、标准化和易于使用的交易数据源。二是账户验证API，以往银行账户验证过程需要花费数天时间，甚至需要客户核实银行账户中的小额存款以验证账户，而Yodlee的账户验证API将此过程缩短至秒级，客户只需要输入网上银行凭证即可实时验证账户内余额。三是资金流动API，使用Yodlee的API平台，客户可以通过第三方应用程序连接到自己的银行账户，并在一个安全的支付环境中转移资金。

三、理财服务与零钱储蓄、社交场景创新结合

其主要表现是用户的理财场景和理财体验发生改变，理财服务

开始与零钱储蓄、社交场景结合。

随着智能投顾市场竞争逐渐白热化，一部分创新型企业另辟蹊径，从创新的场景入手，在个人投资者生命周期中更早的阶段，以更加潜移默化的方式切入理财服务。例如，Acorns 与 Betterment、Wealthfront 等智能投顾不同，从个人投资者消费过程中产生的零钱入手，将用户的零钱储蓄等资金，投资于通过现代投资理论选择出的 ETF 中。

Acorns 为注册用户提供了的三种投资方式：（1）微投资（Round-Ups），即利用消费找零产生的零钱进行投资。这是 Acorns 主推的储蓄投资方式，用户通过链接 Acorns 账户至相关银行卡，微投资账户里将会显示用户近期的每一笔消费，用户可以通过手动或自动的方式，将消费产生的零钱（即将消费金额向上取整，取整后与原金额的差额为消费找零）转移至 Acorns 投资账户进行投资。（2）定期投资，即用户可以设置周期性的每日、每周或每月投资，通过选择定期投资的金额和投资时间段即可。目前，Acorns 开通了"潜力发现"这一工具，使用户能清楚地了解，理论上的额外投资额对其账户的影响。（3）一次性投资，即用户可以在任意时刻投入任意金额的资金进入 Acorns 投资账户。以上三种投资方式都可以开启用户的 Acorns 使用之旅，但无论哪种方式，仅在用户的 Acorns 投资账户金额大于等于 5 美元，才会开始投资。

Acorns 通过提供这种微额投资服务高成长人群的财务需求，建立了普惠金融实现的有效途径。通过消除投资过程的复杂流程，Acorns 降低了投资门槛，促使美国人开始为未来的生活储蓄。据国际金融公司（IFC）报告显示，在其服务的客群中，大量初次投资的客户和90%的客户家庭年收入都在10万美元以下，50%的客户年龄在24~35岁之间，25%的客户年龄在36~50岁之间，服务的客户最小为18岁，最长为98岁。借助Acorns，投资者每月可以将平均32美元的"找零"储蓄起来。

第三节 我国数字理财的最新探索

我国近年的数字理财发展步伐加快，集中体现在以下几个方面：

一是以余额宝为代表的数字理财产品兴起，带动大众理财意识觉醒和理财服务普惠化发展。二是服务模式转变，从产品销售更多转型陪伴式服务，将投资者教育融入大众理财服务。三是理财产品销售、服务与互联网场景的连接越来越紧密，代销和引流成为理财服务触达客户的两大主要方式。四是投顾服务监管框架持续完善，基金投顾试点推动新一轮智能投顾创新。

一、余额宝带动大众理财意识觉醒，开启全民数字理财新时代

2013 年被称为我国数字理财发展元年。这一年 6 月，余额宝正式上线，创新性地将现金管理和支付功能结合，实现了消费与理财无缝连接的新型用户体验，以 1 元起存的超低门槛、强大的 T+0 灵活性，迅速发展成为全面热捧的数字理财工具。近 7 年来，货币基金的年化收益不断下行，但是余额宝用户持续增长，从最开始几百万用户增加到如今超过 6 亿用户。无数投资者在余额宝实现了第一次投资启蒙。

余额宝的重要意义在于，通过一个现象级的产品实现了一次全民性的理财普及教育，让大众投资者意识到，自己手中的闲钱也可

以随时随地享受收益。以余额宝为代表的新型数字理财工具,不仅带动了货币基金市场的大发展,更是开启了一个属于大众的投资时代,投资理财不再是高净值人群的专属服务,而是所有人群都能够享受的普惠性服务。

余额宝大大提升了大众投资者对基金产品的认知度和接受度。老百姓对储蓄和理财的理解不再是超低收益的银行定期,或者是高风险的股票投资,货币基金、债券基金、混合基金、权益基金开始进入更多老百姓的视野。随着各大互联网平台陆续取得公募基金第三方独立销售牌照,2015 年之后,互联网平台开始接入更多类型的公募基金产品,成为大众投资者进行产品优选和投资基金的首选。以蚂蚁财富为例,截至 2019 年 6 月,该平台已经接入近 5000 只公募基金。

2017 年,蚂蚁平台推出"财富号",打破传统的基金超市模式,让基金公司与用户直接连接,拥有真正的"自运营"阵地。基金公司在财富号内直接为海量客户提供更个性化、专业化、智能化的理财服务,既有专业的理财产品,还有以内容为载体的理财教育、理财进阶等服务。财富号及其背后的 AI 能力,帮助这些专业产品和优质服务精准匹配到海量用户。根据蚂蚁财富披露的数据,截至 2019 年 6 月,上线两年多的财富号目前总计有超过 80 家基金公司入驻,不少基金公司的财富号粉丝已经达到了数十万人甚至百万人。据统计,AI 能力让财富号的运营效能提升超 80%,入驻机构的平均交易金额是同期未入驻机构的 62 倍,资产管理规模是后者的 68 倍。

二、数字理财平台积极发展陪伴式服务，将投教融入理财服务

数字理财绝不是单纯在线卖产品或者"网上基金超市"，而是代表了一种服务方式的转变。传统财富管理机构通过人工进行投资者教育和客户陪伴的成本非常高，所以大部分机构还是以产品销售为主，但是互联网平台与投资者进行信息交互的边际成本趋近于零，在投资者教育和客户陪伴引导方面具有非常大的潜在价值，有助于带动我国理财服务从以产品销售为中心向以客户为中心的综合财富管理服务转型，引导投资者投资习惯向长期分散化投资转变。

近年来，互联网理财平台开始积极探索"数字化、智能化、精准的理财陪伴服务"。与客户之间的交互不是简单产品介绍，告知用户什么是公募基金、什么是货币、什么是权益，而是根据个人投资者在生命周期不同阶段的需求，为客户提供财务诊断、理财知识、市场咨询、产品推荐和专业指导等综合服务。例如，有互联网机构建立基于短期消费、长期保障和投资增值等不同理财目标，引导投资者将"短、中、长"钱分开管理，引导投资者进行更加合理的财务规划；通过挑战赛、游戏等设计引导用户理解资产配置；通过生活化场景帮助客户理解专业的金融概念，积极帮助用户理解并树立健康的投资理念；还有在互联网平台设立财富社区，设立知识类课堂、观点类交流社区，构建用户与专业金融机构沟通的平台，通过社区建立用户学习投教知识文化，帮助用户建立投资知识讨论氛围。

资产管理机构和财富管理机构也可以通过互联网平台与客户进行更加高效的信息交互，从而实现传统渠道难以实现的陪伴式服务。

2018 年某互联网机构联合 27 家基金公司共推基金业高质量发展计划，共建"理财用户服务联盟"。一方面，为基金公司设计后台、客服等数据系统功能提供更强的技术支持；另一方面，联合基金公司以客户为导向，淡化"业绩"，强调"陪伴"，直面用户个性化需求，向用户提供专业化的服务。互联网机构的技术能力与基金公司等资管行业伙伴的专业服务能力、投教能力结合，让理财专业服务走向大众化、平民化，有利于公募基金市场的健康发展。

三、理财服务通过第三方代销和引流越来越多地走入互联网场景

理财服务与互联网场景的结合主要体现为第三方机构代销和互联网平台引流两种方式。代销，顾名思义，即第三方机构取得资管产品的代销资质，直接从事销售服务。但是，目前国内的资管产品中，只有公募基金产品开放了第三方独立销售资质，大众普及度最高的商业银行理财和理财子公司（以下简称"理财子"）尚未开放第三方独立销售资质。整体来看，由于大部分资管产品的销售资质尚未对互联网机构开放，所以越来越多的金融机构选择通过借助互联网平台引流来提升获客。

引流是指互联网平台利用自身的场景优势为具有资管产品销售资质的金融机构提供与客户进行信息交互的通道，并从两个方面提升供需匹配效率：一是帮助销售机构更加精准、快速地触达潜在客户；二是提升销售机构与潜在客户信息交互的便利。这种模式下，互联网平台仅发挥通道作用，不影响销售决策本身，既不参与产品

的设计与发行，也不干涉投资和销售机构双方的决策，更不会参与客户账户开立与销售资金的募集、申购赎回等活动。

引流的具体形式随着互联网技术的发展而持续迭代。互联网发展的早期，引流可能只是简单的连接植入，投资者通过链接跳转到金融机构自己的网页中进一步了解产品信息并进行开户交易。随着平台模式成为一种主流的商业模式，金融机构和第三方平台为提升客户体验，在引流方式上进行更多的尝试。例如，基金公司在第三方电子商务平台开设店铺的基金超市模式，将基金直销交易嵌入互联网平台的嵌入式直销模式等。这些都是公募基金第三方独立销售开放之前，销售机构和互联网平台在市场需求驱动下进行了一些探索和尝试。

目前，公众号、小程序等形式已经成为金融机构较为常用的互联网引流工具。例如，中国银行、浦发银行都会通过微信公众号销售银行理财产品，个人只要关注其公众号，登录自身账号，就可以像在银行 App 上一样购买理财产品；个人投资者还可以通过广发银行公众号购买信托产品，通过宁波银行的小程序购买基金产品。兴业银行理财子目前也在其微信小程序中进行理财产品的销售推广，投资者可以直接在微信小程序中购买。

四、投顾监管持续完善，推动新一轮智能投顾创新

投顾在资本市场中扮演着对接 C 端客户需求和投资者教育引导的重要角色。从发达国家经验看，投顾是引导家庭财富管理走向长期分散化投资的重要一环，并且在带动资管行业生态重塑和资本市

场结构转型上也发挥了关键作用。中国早在 1997 年就颁布了《证券、期货投资咨询管理暂行办法》，并于 2010 年颁布了《证券投资顾问业务暂行规定》。近年来，券商、银行也围绕财富管理业务转型进行了丰富的探索，转型也取得了一定的进展，但目前整体仍然以销售佣金模式为主。

2019 年 10 月，证监会下发《关于做好公开募集证券投资基金投资顾问业务试点工作的通知》，首次明确试点机构可以代客户办理交易申请。基金投顾试点推出之后，多家基金公司都相继推出了投资者付费、全权委托型的智能投顾产品，并在理财服务的场景化方面作了一些新的尝试。以华夏基金的查理智投为例，提供了两个教育基金组合（高中和大学）和四个养老基金组合（不同年龄段），问卷中会询问投资目标，并且可以设置一次性投入或者定投计划，客户端会给出目标预期实现结果。此外，还推出了和 VIPkid 合作的财商课，与组合中提供的教育场景相呼应。

第四节 我国数字理财深化发展面临的挑战

当前，我国居民可投资资产正在快速增长，数字理财需求也在持续快速增长。

我国不断攀升的居民家庭财富规模为财富管理的需求扩张奠定了坚实基础。2008 年至 2018 年的 10 年间，我国实际国内生产总值（GDP）从 4.59 万亿美元增长至 13.89 万亿美元。同期内，我国居民可投资资产总规模随之扩大，从 2008 年的 58.2 万亿元人民币快速增长至 2018 年的 230.6 万亿元人民币，增长约 4 倍，且同比年化增速始终保持在 10% 以上。相较之下，我国财富管理行业发展进程明显滞后。截至 2018 年，我国财富管理市场规模相对于居民可投资资产规模占比不到一半。旺盛的资产配置需求与不充分的财富管理产品供给无法匹配，这就为目前蓬勃发展的数字理财行业提供了广阔的发展空间。

年轻的网民一代理财需求旺盛，其理财金额不高且具有互联网偏好等，使数字理财拥有独特的市场空间。随着"90 后"年轻一代的财富积累，其个人财富管理需求和理财意识正在逐步觉醒，其理财专业知识和能力相对薄弱，所以对理财投教、咨询等服务的需求更强烈。但因其单笔投资金额较低、对理财整体销售规模的贡献也较低，不是传统金融机构或销售机构主流服务的目标客户，很难得到基于他们的个性化特征进行因材施教的投顾服务。这部分年轻投资者更加习惯于线上化的信息交互方式，与移动互联网场景深度融合的投顾方式也更加受到他们的欢迎。

为满足上述需求，我国数字理财市场未来的发展需要破冰前行，并应对好如下几点挑战。

一、分业监管之下，不同机构的理财类产品数字化程度差距较大

在分业监管模式下，当前我国不同类型的资产管理机构和资管产品的监管尚未打通，并且存在同类业务多重资质、不同资质监管发展程度不同的情况。以投顾行业为例，仅证券监管框架下就存在证券投资咨询、基金投资咨询两种资质。证券投资咨询资质能够推荐的产品范围较广，但是不具备全权委托的代客理财功能。公募基金试点是国内目前唯一能够实现全权委托的投顾资质，但是现阶段纯公募基金组合对个人投资者的吸引力相对有限。普通家庭金融资产配置仍然以银行存款、理财为主，公募基金在中国居民可投资资产中占比仅为6%，让投资者接受全部由公募基金组成的资产配置组合还需要一个过程。高净值个人投资者则更加偏好以账户管理形式配置个股、债券、非标、信托和私募产品。

海外成熟市场商，针对个股、债券的证券经纪业务以及针对不同类型公募资管产品的代销业务都是完全打通的，只要取得证券经纪商牌照，就可以同时从事不同类型证券产品的销售服务，从而实现了个股、债券以及不同类型资管产品信息的整合，同时为以客户

为中心的独立投顾服务发展打下了基础。目前我国不同类型资管产品的信息获取渠道和销售资质尚未完全打通。例如，理财子公司理财产品销售渠道主要还是依赖于母行①，信托等私募型产品还局限于线下销售，所以独立投顾难以帮助客户获取所有类型的资产信息。

二、第三支柱养老账户体系尚未建立，缺少对个人投资者长期分散化投资的激励

从美国等成熟市场的经验来看，围绕养老打造的个人税延投资账户体系，以及成熟的面向 C 端的投资顾问服务是带动个人投资者从追逐短期收益、直接参与个股投资的投资文化逐步转型长期化、分散化的投资理念的两大核心推手。

当前我国养老第三支柱和投资顾问（以下简称"投顾"）市场改革的步伐均在加快，但整体仍处于较为初级的阶段。2018 年 5 月我国开启个税递延养老保险三地试点。2019 年 10 月，证监会下发《关于做好公开募集证券投资基金投资顾问业务试点工作的通知》，首次明确试点机构可以代客户办理交易申请，实现全权委托。2020 年 4 月中旬，证监会发布了《证券基金投资咨询业务管理办法（征求意见稿）》，进一步将不同类型的投顾纳入统一管理。这些都是推动资本市场转型的重要举措，但是要形成覆盖理财、基金等产品的第三支柱养老投资账户体系，投顾服务要发展成为个人投资者进行家庭财富管理的主流方式，仍然需要一个较为漫长的过程。

在缺少强政策激励带来的长期投资账户体系情况下，金融机构

---

① 指创立理财子公司的商业银行。

的客户经理或者投顾想要从零起步去建立客户长期资产配置心智①，不仅难度高，投资者反复的概率也很大。一方面，大众投资者成熟度低，对风险投资中风险收益比的认知基本处于低水平，很难让这些投资者从类固定收入产品一步跨越到多资产配置。另一方面，A股市场夏普比率②是美股市场的一半，意味着获得同样的长期收益，个人投资者承担的市场波动是美股的两倍。基于这样高波动的底层资产，投顾想依靠投教和陪伴帮客户扛住市场波动带来的内心扰动，人力投入高，成功率却不高。所以，除少数高净值客户外，机构向投资者提供投顾服务的投入和带来的收益不成正比，最终大多数机构最后还是会倒向更加简单直接的销售佣金模式。

三、智能投顾着重"投"的功能，对"顾"的功能挖掘尚浅

目前，基金投顾试点仍然以智能投顾形式为主。调研发现，目前推出的智能投顾应用还是"投"的角色更多，对"顾"的功能挖掘有限。Betterment 和 Schwarb 的产品专家指出，投顾中"顾"过程不仅仅是收集客户信息，更重要的是帮助客户了解自己。美国智能投顾平台所提供的财务规划、目标设定和管理等功能就是给客户提供一个了解自己的工具。

对比美国智能投顾应用，国内智能投顾对财务规划和目标管理功能的应用主要存在两方面问题：

---

① 心智是互联网经济语境下的一个常用词汇，大体指对一种新事物的主观认识、看法。

② 夏普比率（Sharpe Ratio），又被称为夏普指数，是一种基金绩效评价的标准化指标。

一是功能较浅，没有成功帮客户建立起账户规划的心理认知。部分智能投顾软件让投资者自己划分短投、中投、长投账户的做法存在一个问题，就是大多数投资者并没有根据未来的支出目标建立起对应的心理账户，并不知道要投多少，应该投多久。未来国内开发智能投顾理财工具时需要帮客户把个人储蓄投资和具体支出目标建立起联系，帮助用户把心理账户转化成实际的账户切割。

二是理财规划目标设置不契合中国老百姓的储蓄痛点。中美个人储蓄动机存在较大差异。例如，国内个人养老还没有发展起来，在社保体系支撑下，年轻人为自己养老储蓄的意识和危机感并不强，其更加关心的可能是家中老人的赡养和医疗问题；子女教育方面，我国公立学校仍是主流，高中和高等教育的花费远比不上国外的私立体系，但大部分中等收入人群对于孩子的学前教育和课外教育投入却相当惊人。

四、理财领域机构间的数据开放与合作尚未起步，数据要素价值没有充分释放

从海外市场的整体情况来看，在理财这个领域内，海外市场金融与科技的融合已经远远走在我国前列。我国金融与科技融合相对落后集中体现在两个方面，一是机构间的数据开放和服务开放相关的政策配套尚未落地；二是对于传统机构与互联网平台的创新合作态度较为保守。

近年来，为鼓励市场竞争，推动金融科技创新，促进传统金融企业转型，并充分利用新兴科技力量，世界多国掀起了一场开放金

融数据和服务能力的金融革命。作为"开放银行"浪潮的引领者，早在 2014 年，英国财政部就发布了一份题为《数据分享和银行的开放数据》的报告，认为进一步的数据开放将促进英国银行业的竞争，建议制定银行数据分享标准，以便为第三方提供标准、统一的 API。欧盟也一直致力于建立一个统一、高效的金融市场，且非常重视市场公平竞争、消费者权益保护和扶持金融科技企业。2015 年 11 月，欧洲议会和欧盟理事会发布新的支付服务指令（Payment Service Directive 2），要求设立支付账户的支付服务提供商（主要是银行）通过 API 向第三方"初始支付服务提供者"（PISP）和"账户信息服务提供者"（AISP）开放交易和账户数据。PISP、AISP 多为金融科技公司，依托自身的创新灵活性，为客户提供更优质、便捷的支付或金融服务。欧盟还要求银行不得歧视性对待持牌第三方发起的数据请求，这一规定的目的在于让客户能够掌握自己完整的金融业务信息，对比、选择适合自身的服务和产品。

作为亚洲金融中心，中国香港也紧随大潮。2017 年 9 月，香港金融管理局（HKMA）宣布了七项行动，帮助香港迎接银行和科技融合的"Smart Banking"时代，并于 2018 年 7 月推出"四步走"开放的《Open API 框架》。要求银行开放核心银行板块（即存、贷、汇）的所有功能，对于投资、保险相关功能，银行可以选择性开放。HKMA 还设定了一个分步实施的时间表，要求银行在框架发布后的 6 个月和 15 个月内完成第一、第二阶段的开放，并鼓励银行提前实施全面开放。

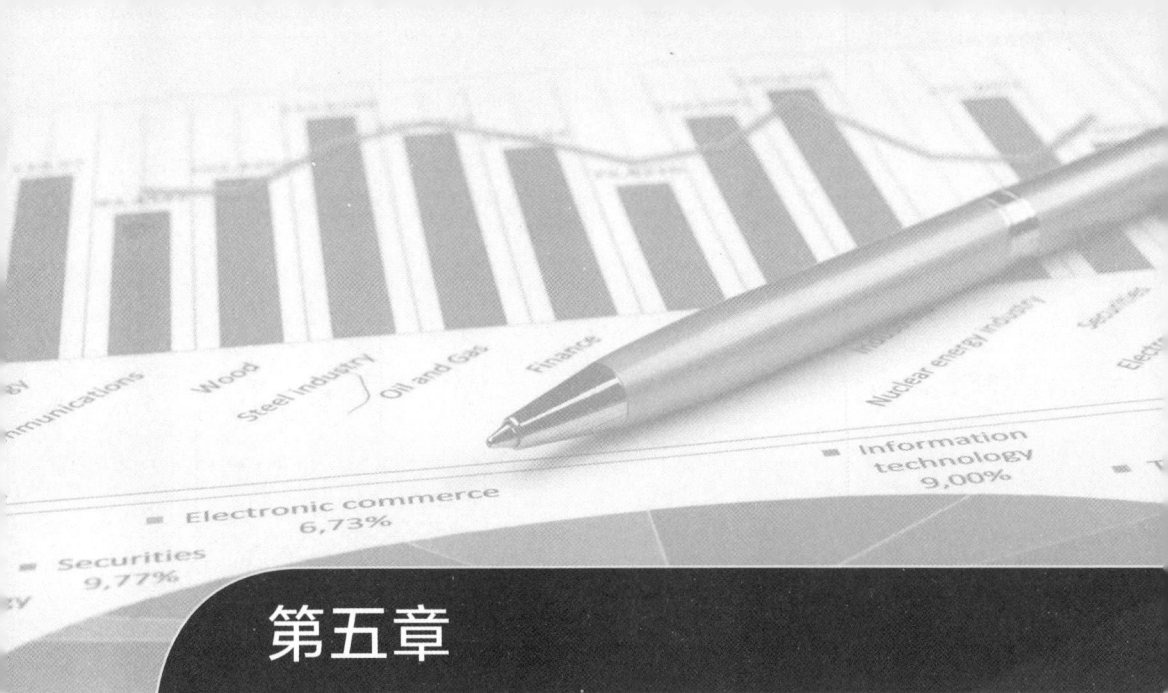

第五章

数字保险与保障

　　数字保险（保险科技）是数字金融（金融科技）的一个重要分支。数字保险是大数据、云计算、人工智能等一系列科学技术与保险业务深度融合，在产品形态、服务方式和运营效率等不同方面变革保险的商业模式打造出的新型保险生态。①

　　数字保险正在越来越多地深刻影响甚至改变包括我国在内的全球保险行业。

---

① 北京金融科技研究院：《2020 年中国保险科技洞察报告》。

第一节 国内外数字保险发展现状与
保险科技应用

国际保险协会（IAIS）首席执行官 Michael Morrissey 将全球保险行业发展总结为四次保险革命，认为当前全球正在迈向保险 4.0 阶段。进入 21 世纪后，互联网将世界带进了数字技术时代，在数字技术的支持下，保险产品的四大要素即互助、集合、预测和信用的实现方式将发生重大变化。

Michael Morrissey 所言，正在成为现实——近年，随着互联网和数字技术的发展，全球范围内保险科技获得浪潮式发展。

一、主要保险新科技在数字保险中的应用概况

据咨询公司毕马威的调研，业内人士认为对未来保险业发展影响最为显著的技术分别是大数据（93%）、人工智能（87%）、云计算（66%）、生物医学（62%）、区块链（57%）和物联网（56%）。对于保险业务前中后端各个核心业务流程的影响程度大小，则分别是营销与渠道（87%）、理赔（81%）、产品设计（81%）、核保（79%）、客户服务（77%）和定价（75%）。

（一）大数据在数字保险中的应用

通过对全部数据而非抽样数据的分析，大数据技术为保险公司

在流程优化、产品设计、精算定价、客户服务和营销推广等诸多方面不仅仅提供了更加精准的数据分析结果，更是提供了全新的视角和思路。例如，借助于大数据丰富多维的数据特征，建立更全面清晰的客户画像，诸多保险公司已在交叉营销、客户服务等方面取得了良好效果。通过对更多丰富场景内数据的分析和挖掘，保险公司得以开发更多更丰富的保险产品，如建立在对气象数据分析结果上的气象保险，基于可穿戴设备记录的运动数据开发的面向健康管理的医疗保险，以及建立在基于海量网络浏览和购物行为数据分析基础上的退货运费险等产品。

（二）人工智能在数字保险中的应用

人工智能已应用在多类保险场景之下并带来积极改变。例如，在客户交互环节，通过人工智能实现与客户的互动，促进了保险公司在线获客、营销推广、客户服务以及部分自动理赔等功能的发展；在核保、承保及理赔环节，通过人工智能，快速对客户提供资料（文档、录音及影像等文件）真实性进行高效的识别和记录，从而实现高速的作业处理，同时防范潜在的保险诈骗行为等。

（三）云计算在数字保险中的应用

借助云计算技术，保险公司可实现业务流程的线上化承载，如移动展业、移动理赔等已在业内全面推广。通过云计算对各类数据资源的整合，保险公司在客户营销、产品开发、风险定价、核保理赔等多个环节实现了更加精准智能的业务运营。尤其在保险行业迈向"新保险"的阶段，云计算为保险公司的科技变革提供了重要的基础资源支撑。

（四）生物医学在数字保险中的应用

生物技术对人身保险带来深刻变革。在承保前的风险筛选环节，生物技术能够提高风险管理水平。例如，早期发现是提高癌症治疗率的关键。通过生物标志物检测等癌症早期筛查技术，能够更及时、更精准地发现癌症，从而有利于开展癌症的早诊断、早治疗，大幅降低癌症死亡率。随着技术的进一步成熟，未来保险产品与癌症早筛等技术的结合将会更加紧密。基因检测技术的发展，使得人类有能力预知未来疾病发生概率，极大提高遗传病的筛查效率，将会带来保险业态深刻变化。

（五）区块链在数字保险中的应用

区块链技术在保险行业的应用主要集中在产品开发、风险防范、流程优化等领域，推动着保险行业价值链和全流程的改造。打造面对行业的区块链即服务，能整合多渠道的客户信息，实现客户账户统一管理，有助于实现数据共享，以缩短相应时间，提高业务效率。运用区块链技术，可以快速进行身份和信息的校验；能够实现数据和企业的分离，使授权第三方能够就数据进行梳理和分析。区块链技术中的数据不可篡改性，在保险反欺诈领域带来巨大价值，为保险公司节省大量运营和管理服务成本。

（六）物联网在数字保险中的应用

物联网的出现，极大地改变了保险产品定价所能获得的风险数据。例如，借助智能家居设备数据，可以准确地追踪科技家庭中的煤气泄漏情况，防范并预测可能出现的火灾风险；而借助可穿戴设备的应用，通过追踪客户自身生活习惯特征数据，可以为不同风险人群量身定制相关的健康保险产品；在车联网等技术条件下，追踪用户的驾驶行为，也为车险行业定价提供了更加精准的手段等。

二、国外数字保险发展现状

发达国家传统保险业的发展较为充分，保险产品供给度较高，保险科技研发、应用也较我国更早。因此，发达国家数字保险在新技术应用、业务数字化等方面具有优势。

近年，在美国、欧洲等国家和地区的保险市场上，对数字保险方面的投入持续快速增长，其数字保险创新也较为活跃。

（一）发达国家和地区保险科技投融资持续增长[①]

投融资数量是衡量一个市场领域是否发达的重要标志，从 2012年至今，全球保险科技的投融资额持续升温。2012 年和 2013 年，该领域投融资额仅 3.5 亿美元、2.8 亿美元，至 2018 年、2019 年则增长至 38.9 亿美元和 61.6 亿美元。

从投融资额发生区域看，北美洲、亚洲和欧洲成为保险科技创新的聚集区域，其中美国所在的北美洲对融资总额贡献最大。

（二）保险科技广泛应用于保险业务全流程，保险科技创新较多

前述的大数据、人工智能、云计算、区块链、物联网以及生物科技等新技术，正在全球范围内搭建全新的保险业务基础。这些技术正广泛应用于保险业务的销售、承保、理赔、风控、运营管理等全流程和各个环节。

发达国家近年在保险科技方面涌现了较多创新。美国的 Oscar

---

① 北京金融科技研究院：《2020 年中国保险科技洞察报告》。

Health 公司是一家数字保险企业，成立于 2013 年 7 月，其运用互联网和远程医疗技术让健康保险变得更简单和人性化，根据人群细分画像提供对应的医保计划。其还在线上线下提供一系列增值健康管理服务，包括线上快速核保，推行健康生活方奖励计划，提供 24 小时电话医生、远程就诊、线上比价等服务，以及通过自建和合作医疗机构为用户提供服务。2018 年 3 月，该公司估值达到 32 亿美元。

美国最大的财产保险公司之一 State Farm 于 2017 年启动车险改革计划，与车联网厂商合作，通过 OBD 设备记录上传车辆里程、油耗、时速等行驶信息，通过云计算与人工智能评估车主驾驶行为的风险等级，并基于风险变化对车险精准定价。

（三）在传统保险业主动进行保险科技升级之外，知名互联网科技平台企业也快速进入保险科技领域

近年，微软、谷歌、亚马逊、苹果和脸书等互联网科技平台企业快速进入保险科技领域。

2015 年 9 月，谷歌旗下的投资基金 Google Capital 投资了前述的保险科技公司 Oscar Health，投资金额达 3250 万美元。2015 年 10 月，谷歌以 8100 万美元领投企业医疗保健平台 Collective Health。此外，谷歌子公司 Nest 与美国家庭保险公司和利宝互助保险集团（Liberty Mutual）合作，降低了 Nest 烟雾报警器的成本，从而达到了降低房屋保险价格的目的。谷歌在 2015 年已经签署了至少 6 项单独的保险技术合作和投资协议，并在美国推出 Google Compare 汽车保险业务。2017 年 12 月，谷歌自动驾驶项目 Waymo 与保险公司 Trov 达成合作，计划为乘客提供相关保险服务。安永的一份报告称，2013 年至 2017 年，Alphabet 申请了 186 项与医疗保健领域相关的专利。

近年来，苹果对自动驾驶汽车和保险领域进行了广泛投入。苹果公司虽并不直接销售保险产品，但通过向保险公司提供先进技术来影响行业。例如，苹果利用应用程序和可穿戴设备收集的数据帮助保险公司定价，帮助保险公司建立按使用行为来计价的车辆保险（UBI）体系，通过智能设备建立智能家居系统服务房屋保险变革。

三、国内数字保险发展现状

我国保险业起步较晚，相较发达国家，目前还呈现保障供给较不充分的现状。但我国近十年保险增长速度较快，居民保障需求也呈现快速上升态势，因此业内普遍预计我国在 2030 年前后有望超过美国，成为全球第一大保险市场。

尽管我国商业保险行业还处于发展阶段，相应的数字保险也起步较晚，但得益于保险市场需求旺盛、数字保险降本增效效应强，以及我国金融科技具有整体领先优势等有利因素，我国数字保险近年获得快速发展。我国数字保险的产品创新、商业模式创新以及发展水平，在全球范围内让人印象深刻。

（一）我国保险科技投融资总额虽不高，但保险科技在大型传统保险公司和互联网科技平台内部快速发展

相比海外，我国保险科技在投融资数量、金额等方面并不算高。2019 年其投融资金额为 38.98 亿元人民币，在全球的 61.6 亿美元规模中占比不大。但与全球趋势同步，从 2013 年至 2019 年保持了快速增长态势。

业内人士普遍认为，投融资总额数量不高，并不代表保险科技发展不快和创新不足。事实上，我国传统大型保险公司和互联网科技平台内部的保险科技创新较为活跃。

（二）传统保险公司积极拥抱保险科技，主动推进科技变革

首先，我国各大保险公司纷纷成立保险科技部门，展开保险科技研发并进行科技创新；与发达国家类似，目前各类保险科技在保险各个环节都有运用案例。例如，中国人寿建立了金盾 AI 重疾险风险评估反欺诈模型。该模型运用人工智能、大数据等技术，从重疾险理赔案件的历史数据中总结、归纳欺诈案件规律，实现系统自动评估欺诈风险。截至 2019 年底，中国人寿全流程智能理赔已服务960 万人次，占理赔案件的 60%，最快理赔时效仅 2 分 15 秒。中国平安近年推出"AI 代理人教练"，在业界率先将 AI 技术应用到代理人渠道维护和升级上。

其次，我国多家大保险公司在发展线下代理人模式的同时，或自建线上保险销售渠道，或与保险科技平台合作线上销售保险产品。

最后，大量商业保险公司与互联网保险科技平台合作，创新出多种定制化互联网保险产品。例如，2010 年华泰保险与淘宝网经过长达 6 个月共创，针对网络交易推出专用保险产品——退货运费险。这一独特险种由于切中网购痛点，后来成为互联网保险爆款，规模达到亿级。近年，数十家商业保险公司与腾讯、蚂蚁集团、京东等合作，共同推出种类繁多的数字场景险、数字医疗险等。

（三）多个保险科技平台崛起，数字保险保障产品和模式创新让人印象深刻

2013 年前后，我国大型互联网科技平台开始涉足保险业，至今形成多个保险科技平台，也出现了多个让人印象深刻的数字保险保障产品或商业式创新。2013 年，蚂蚁集团、腾讯和中国平安三家公司联合设立众安保险，该保险公司之后成为我国重要的线上化保险科技平台之一。至今，蚂蚁集团、腾讯、京东、陆金所等均成立了保险科技平台，除线上销售合作商业保险公司保险产品外，均与商业保险公司合作，定制化推出创新性的数字保险产品。

蚂蚁集团的保险科技平台发展较为成功。该平台不仅推出了退货运费险等数字场景险创新，吸引了超过 5 亿的互联网保民，还推出了数字医疗险创新产品——"好医保"，以及网络互助创新产品——"相互宝"。好医保经过两年左右的发展，用户已超过 3000 万人；相互宝经过一年多的发展，用户已超过 1.07 亿人。在我国，好医保与相互宝均是各自领域用户规模最大的保障计划。

第二节　我国数字健康险的创新探索

我国居民生活水平日益提高，对医疗健康保障的重视程度也相应提高。在供给侧，我国医疗保障体系近年快速发展，在基础医保覆盖了 95% 以上居民，近年，包括重疾保险和医疗保险在内的我国商业健康保险行业也获得快速发展，已覆盖了超过 3 亿居民。

但显然，我国商业健康保险发展仍然存在一些问题——2020 年 1 月下旬，银保监会牵头国家 10 多个部委联合发布的《关于促进社会服务领域商业保险发展的意见》（以下简称《意见》）即指出："（商业保险）存在支撑作用不够充分、保障功能和资金支持力度有待提升等问题。"具体来看，在我国医疗费用支出结构中，商业健康保险占比较低，与美国、日本等商业保险发达国家相比差距明显。《意见》鼓励商业健康保险在未来五年快速发展——"力争到 2025 年，商业健康保险市场规模超过 2 万亿元，成为中国特色医疗保障体系的重要组成部分。"

2015 年前后，我国数字健康保险登上舞台，至今对商业健康保险提高覆盖率、利用数字技术服务普惠群体等作出了一定贡献。

一、我国商业健康保险行业面临的挑战

（一）普惠性不足导致数亿居民"保障缺"和"保障低"，普惠型医疗保险发展受限

1. 超过 7 亿居民"保障缺"，超过 2 亿居民"保障低"

我国拥有 14 亿人口，其中有超过 7 亿的 60 岁以下健康人群的保障需求日益提高，但市场中的普惠型、可负担的医疗健康保障险种较为短缺。

此外，2019 年我国商业重疾险覆盖了 2.5 亿左右人群。这些重疾险可以较好保障参保人群的收入损失和康复疗养等，但保额平均为 10 万元左右，其中约 20% 保单的保额在 5 万元以下①，较低的保额水平还不能较好地覆盖居民罹患重大疾病的风险。

2. 发展普惠人群可负担的医疗保险是解决"保障缺，保障低"的重要办法，但因成本高等原因被抑制发展

事实上，发展普惠人群可负担的医疗保险来解决"保障缺"和"保障低"问题，是我国保险业内的共识。从 2012 年左右起，普惠型短期医疗险即在我国保险业萌芽，但该险种至今未成线下重点发展险种，原因之一是该类低费率险种成本较高，收益较低。

（二）我国商业健康保险客观存在进入门槛高的问题，突出表现为准入要求高、理赔难等

一是健康要求高。部分保险机构的健康告知设置较为严苛，对

---

① 数据来源：中再寿险对商业健康保险的相关研究。

部分年龄超过 45 岁的人群，承保更为谨慎，费率也会大幅提高。二是保险条款复杂难懂。在中国保险行业协会 2018 年的相关调查中，32.5% 的受访者表示个人缺乏保险相关知识，难以理解保险条款。三是大量保险公司不保证续保。四是"理赔复杂"。在中国保险行业协会 2018 年的相关调查中，48.0% 的受访者表示理赔难是影响购买健康保险的最大障碍，理赔时存在条款难懂、材料难备和等待过程长等问题。

（三）创新性不足导致我国超过 3 亿的特殊人群"保障难"

目前，我国商业健康保险领域针对 60 岁以上老人和亚健康人群的医疗保险供给严重缺乏。截至 2018 年底，我国 60 周岁及以上人口达 2.49 亿，其中，65 周岁及以上人口 1.67 亿[1]。与此同时，我国也有数千万的 60 岁以下"三高"（高血压、高血脂、高血糖）亚健康人群。2019 年 12 月，国务院常务会议提出，"需要提供适应老年人口需求的商业保险产品，同时要改善其他群体的保险供给"。

二、我国数字健康保险的探索与实践

2015 年以来，我国健康医疗保险线上化发展态势明显。2016 年，众安保险以线上方式推出"尊享 e 生"，获得较好的市场反响。随后，多家保险机构试水数字健康保险领域。其中，2018 年 5 月，蚂蚁集团支付宝保险事业群联合中国人民健康保险股份有限

---

① 《60 岁以上老人已达 2.5 亿！国务院：支持开发适应他们需求的保险产品》http：//www. gov. cn/guowuyuan/2019-12/31/content_ 5465459. htm.

公司和中国人寿再保险股份有限公司，在支付宝平台上线普惠型商业健康保险项目——好医保，两年内吸引超过 3000 万用户参与，成为我国数字健康保险快速发展的关键性事件。2019 年上半年，腾讯集团旗下微医保平台与泰康人寿合作，也上线了数字健康保险产品。

（一）发展居民可负担的普惠型医疗保险，缓减居民"保障缺"和"保障低"难题

首先，普惠性特征明显。数字健康保险的用户中，三线及以下城市、农村的占比较高，且允许无社保群体参保。以好医保为例，其平台大数据显示，三线及以下城市、农村用户的参保占比57％；无社保群体在理赔范围内医疗费用同样可以 100％ 报销。其次，保费处于同业低水平，居民可负担。数字健康保险中，普遍以年龄段不同设计不同的保费区间，其个人年计费区间为上百元至 2000 元左右，多数人年保险为 1000 元以下。最后，性价比高。以好医保为例，其给予一般疾病及意外医疗保险金额度高达200 万元，对 100 余种重大疾病医疗保险金额度达 400 万元。并且，在保险科技的支持下，基于市面上其他医保险一年免赔额1 万元的现实，好医保推出 6 年共享 1 万元免赔额的有吸引力条款。

（二）利用数字技术的方式使医疗险商业模式可持续

数字健康保险推动金融科技应用于保险领域，技术使大规模、低价医疗险的发展具备了商业可持续性。以好医保为例，在用户准入环节，利用了金融级大数据风控能力，开发出专门的好医保风控模型，从多方面、多维度对客户作出更精准的准入判断。在日常运营中，好医保利用数字平台优势与用户保持实时互动，根据用户特点进行千人千面的精准保险教育。在调查、赔付阶段，好医保实现了全链路数字化，用户在线报案并提交资料；在满足保险合同约定的条件下，最快3个工作日可以完成理赔。

（三）数字健康保险有效降低医疗保险门槛

针对保险用户普遍反映的保险规则难以理解问题，数字健康保险给出了针对性解决方案。其中，支付宝保险和人保健康联合聘请医疗界资深的对口医生，对保险条款、产品规则进行逐条"翻译"，换成医生日常对患者讲的"易懂"的话。2020年4月下旬进行的超过2万用户问卷调研结果显示，72.4%的用户认为好医保的"产品信息简单、好懂"，48.2%的用户认为好医保对"重要信息不隐瞒、不误导"。

（四）对"三高"等亚健康人群和60岁以上老人推出创新性保险设计

2018年，众安保险面向老年市场推出了尊享e生爸妈版，61~65岁人群可投保，续保年龄最高可到105岁。2019年初，支付宝保险平台与人保健康、中再寿险再次联合推出针对60岁以上老年人和慢病人群的抗癌医疗险。经过数月发展，目前已有超过150万对应人群加入该保险，其中23万人为60岁以上老人。2020年5月，在银保监会明确长期医疗险费率可调政策细则后，支付宝联合人保健康、中再寿险发布全国首款保证终身续保的医疗险——"好医保·终身防癌医疗险"，保额最高达400万元。

案例 ▶ 好医保保民画像及理赔疾病情况

作为我国首个千万用户级别的数字医疗保险平台，好医保运行两年以来，受到了社会广泛关注。

一、好医保保民画像

（一）主力群体为年轻化的关注健康人群

根据 2020 年 4 月下旬进行的超过 2 万用户问卷调研结果，我国主力网民群体即 21~40 岁的年轻群体的保险意识快速崛起，在好医保用户群体中，其占比达到 61%。

30~45 岁年龄段人群因为"上有老，下有小"，被称为"顶梁柱"群体。此部分群体在好医保用户群体中占比达 35%。

此外，好医保用户中有 16% 的 20 岁以下低龄化群体，在同类保险中处于较高水平。

（二）男性占比更大，保险有明显的家庭化趋势

大数据显示，好医保中的男性保民占比 58%，女性保民占比 42%。男性占比更高与男性在家庭收入结构中承担更大责任有关。此外，男性健康意识近年提升较快。

好医保保民呈现明显的家庭化参保趋势。每三名投保者中就有一名（占比 32%）为家人投保。该趋势与近期用户调研结论较为一致，超过 60% 表示会向亲友推荐好医保。

（三）中等及低收入的普惠人群为主，91%有基本医保

好医保保民57%来自三线及以下城市、农村。农村和三线以下城市、农村人群目前的医疗保障水平相对较低，该比例显示出好医保具有较强的普惠性。

91%用户有医保，9%用户自述没有医保。没有医保用户与国家基本医保覆盖率数据略有偏差，可能的原因是没有基本医保的成员更倾向于购买医疗保险。

（四）用户满意度达82.2%

在近期的用户调查中，82.2%的用户对好医保产品表示满意。用户选择满意的前几位原因为"价格便宜""方便快捷""有保障/保障全""品牌可靠"和"投保方便"。

二、保民理赔疾病情况

（一）理赔案例中，重大疾病理赔金额占比47.7%

好医保运行两年以来，重大疾病理赔金额占比47.7%，一般医疗占比52.3%。

（二）癌症理赔金额在重大疾病理赔案例中占比达85.9%

在重大疾病理赔案例中，癌症即恶性肿瘤占比高达85.9%；其他占比较高的理赔疾病包括心肌梗死、脑中风、脑肿瘤和脊髓肿瘤等。

（三）癌症年轻化趋势值得关注

在癌症理赔人群中，甲状腺癌占比高达13.7%；随后是乳腺癌和肺癌，各自占比为11%左右；高发癌症还有结肠癌、胃癌、淋巴瘤、宫颈癌、白血病和肝癌。该发病趋势与我国《健康中国行

动——癌症防治实施方案（2019—2022年)》提到的"发病率高、筛查手段和技术方案比较成熟"重点癌症基本吻合。

由于我国癌症早诊率和早治率在近年迅速提高，因此在理赔案例中癌症发病年轻化趋势明显。高达56.59%的甲状腺癌发生于30岁以下用户，其中21~30岁占比49.61%，还有35.19%比例分布于31~40岁年龄段。超过35%的乳腺癌分布于40岁以下年龄段。

（四）普通疾病赔付情况

好医保理赔案例中，排名靠前的普通疾病主要为急性支气管炎、肺炎、骨折/外伤、胆囊炎、阑尾炎等。

第三节　网络互助创新对我国医疗保障体系形成重要补充

我国网络医疗健康互助（以下简称"网络互助"或"医疗互助"）行业诞生于 2011 年，2016 年后因为大型互联网平台引入数字金融技术进行流程和服务创新，获得了快速发展。2018 年 11 月，蚂蚁集团推出网络互助平台——相互宝，一年内实现成员过亿，成为该行业崛起的标志性事件。2019 年底，我国网络互助行业服务成员数量达到 1.5 亿人（去重后），2025 年该行业服务成员数量有望达到 4.5 亿人，真正成为我国基本医保、商业健康保险之外的又一支重要保障力量。

中共中央、国务院 2020 年 2 月 25 日下发的《关于深化医疗保障制度改革的意见》（以下简称《意见》），首次将医疗互助纳入我国医疗保障制度体系。《意见》指出："到 2030 年，全面建成以基本医疗保险为主体，医疗救助为托底，补充医疗保险、商业健康保险、慈善捐赠、医疗互助共同发展的医疗保障制度体系。"在第八条"促进多层次医疗保障体系发展"中，意见明确表示"支持医疗互助有序发展"。

网络互助不同于商业健康保险，不同于相互保险，也不同于社会慈善和个人网络求助，是一种新型的健康风险分散机制，是近年我国一项重要的、独特的数字金融创新。

一、我国网络互助行业的发展现状

（一）网络互助的定义

2020 年上半年，蚂蚁集团研究院发表的《网络互助行业白皮书（2020 年）》将网络互助定义为：利用互联网信息撮合功能和数字技术解决成员间信息对称和信任问题，集合具有同质风险和保障需求的互助成员，通过协议互相帮助并承担彼此健康风险损失的保障模式。

（二）网络互助平台的业务模式

大病网络互助业务主要包含普通用户、互助成员、互助计划管理人和调查机构等相关方，其业务模式大体如下：

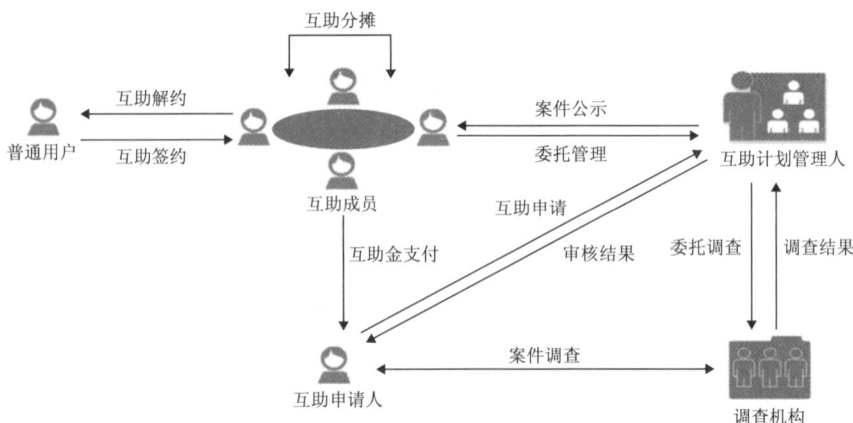

图 5—1　网络互助业务模式示意图

（三）我国网络互助行业的发展现状

1. 我国网络互助发展的三个阶段

2011—2013 年为行业探索期。2011 年，康爱公社（抗癌公社）诞生，引起国内公益互助创业热潮。此阶段国内网络互助平台最高达到 100 余家，但数字技术属性不强，创新性不足。

2014—2018 年为行业规范期。此阶段的网络互助平台的互联网技术属性得到加强，轻松互助、水滴互助等运营平台借助微信的社交红利，获得较大发展。与此同时，中小互助平台违规违法事件时有发生，商业模式不可持续现象突出。

2018 年至今为技术创新期。2018 年 11 月，蚂蚁集团推出网络互助平台——相互宝，成为该阶段的标志性事件。相互宝以数字技术对网络互助流程进行再造，创新性推出成员零预付、后分摊的零资金池模式，并在一年内实现成员过亿，由此将我国网络互助行业的发展推进到新的发展阶段。

2. 我国网络互助机构发展类型

从发展规模角度，我国网络互助机构可以分为三类。

（1）头部大型互助平台。

目前，我国有三家分摊成员数量超过 1000 万规模的网络互助平台。相互宝依托蚂蚁集团平台，在 2018 年 11 月上线后至 2020 年 3 月底，成员超过 1 亿人，累计帮助人数超过 2.8 万人。截至 2020 年 3 月底，水滴互助和轻松互助的成员数量分别超过 1400 万人和 1500 万人，累计分摊成员数达到数千人。

表5—1　我国部分网络互助平台发展情况

互助品牌	互联网核心平台	分摊成员数（万）	预存费（元）	管理费（%）	观察期（天）
相互宝	蚂蚁集团	10370	–	8	90
水滴互助	腾讯	1458	3	8	180

续　表

互助品牌	互联网核心平台	分摊成员数（万）	预存费（元）	管理费（％）	观察期（天）
轻松互助	腾讯	1569	10	6	180
壁虎互助＊	－	229	10	－	360
e 互助	－	340	30	1 元/人/月	180
康爱公社＊	－	313	－	－	365
夸克联盟＊	－	159	10～90	0～2.5 元/人/月	0～180
众托帮＊	－	998	10	0.01 元/人/天	30～360
点滴互助＊	滴滴	138	－	6	180
360 互助＊	360	255	3	10	90
灯火互助＊	百度	36	－	8	90
美团互助＊	美团	－	－	8	180
京东互保＊	京东	－	－	10	90
宁互保＊	苏宁	6	－	8	90

来源：根据公开披露数据整理。

注：未标＊数据截至 2020 年 3 月底；标＊数据截至 2019 年底。

（2）中等规模互助平台。

目前，我国存在多家服务成员数量在几十万至 1000 万之间的网络互助平台。首先，我国网络互助行业有"老四家"的说法，指壁虎互助、e 互助、康爱公社、夸克联盟，其服务成员数量均在数百万级别。其次，2019 年百度、美团、滴滴、京东、苏宁、360 等大型互联网公司纷纷抢滩网络互助行业，成立多家新兴互助平台。

（3）其他中小型网络互助机构。

在上述十几家大中型网络互助平台之外，市场上还有数十家中小型网络互助机构。

二、我国网络互助行业成员用户调研情况

2020 年 3 月中旬，蚂蚁集团研究院通过支付宝问卷平台对我国网络互助行业成员进行了一次问卷调研。该次调研共回收 58721 份有效问卷。通过问卷分析，可发现该行业的成员群体主要为收入中等及偏低、保障相对缺乏、大病负担能力较低人群。（见图 5—2）

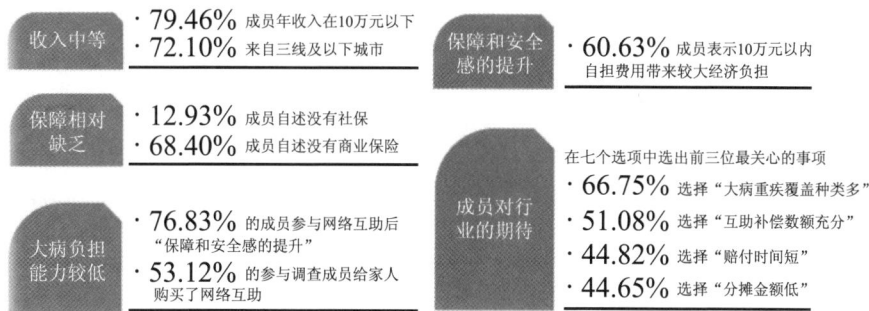

图 5—2 我国网络互助行业用户群体问卷调研分析

（一）收入中等及偏低：79.46％的成员年收入在 10 万元以下，72.1％的成员来自三线及以下城市、农村

36.95％的成员自述年收入在 5 万元以下。收入水平在 10 万～20万元区间的成员仅有 16.01％。调研样本中，72.1％的成员分布在三线及以下城市、农村。

（二）保障相对缺乏：12.93%的成员自述没有社保，68.40%的成员自述没有商业保险

12.93%的成员自述没有社保，与我国社保95%左右的覆盖率有所偏差。偏差原因可能有两个，一是没有基础医保成员更倾向于加入网络互助，二是部分填写问卷成员未将农村合作医疗等视为居民医保。

（三）大病负担能力较低：60.63%的成员表示10万元以内自担费用带来较大经济负担

36.71%的成员表示，当大病医药费为3万～10万元区间时，给自己带来较大负担；还有23.92%的成员认为3万元以内费用就给自己带来较大负担。

（四）参与网络互助计划给76.83%的成员带来了"保障和安全感的提升"，53.12%的参与调查成员给家人购买了网络互助

62.48%的成员认为参加网络互助计划后，自身的保障和安全感"有一些提升"，10.48%的成员表示有了"较大的"提升，3.87%成员表示有了"极大的"提升。

31.68%的成员表示已为子女购买网络互助计划，34.10%的成员表示已为父母购买网络互助计划。

在网络互助金最大作用方面（多选题），92.21%的成员选择"减轻大病重疾的医疗费用负担"，40%左右的成员同时选择"提供长期健康护理的费用"。

（五）成员的行业期待：疾病种类多、金额足、赔付快

调研问卷让成员在多达七个选项中选出前三位最关心的事项，

最终66.75%的成员选择"大病重疾覆盖种类多",51.08%的成员选择了"互助补偿数额充分",44.82%的成员选择了"赔付时间短",44.65%的成员选择了"分摊金额低"。

三、我国网络互助行业的若干重要问题研究

(一)网络互助与基础医保、商业健康保险的关系是什么

网络互助是大病医保的有益补充。由于绝大部分网络互助成员同时是大病医保成员,因此大病网络互助可以对大病医保形成有益补充,使受保障居民的疾病负担保障率得到进一步提高。

网络互助也是商业保险的有益补充,双方互补互利。居民同时拥有社保、商保和网络互助,其健康保障功能侧重点不同,并不相互排斥。网络互助具有精准的数字触达、识别保障需求、提供普惠性保障产品的能力,以及创新的数字科技能力;商业保险公司则具有良好的商业保障产品设计能力、出色的案件调查能力,以及充分的资金优势等。显然,面对我国居民保障需求暴涨的市场蓝海,双方可以互补互利,相互合作。

(二)网络互助为什么不是商业健康保险,两者的区别是什么

网络互助不同于商业保险,在经营模式、运营角色、费用构成、争议解决等方面两者存在差异。在经营模式方面,网络互助计划由于承诺在互助事件发生后以约定金额为限在成员间发起互助,风险直接在成员间转移,运营者并不承担保险风险,属于"先有成本后有分摊",因此无需像商业保险一样事前确定费率。在这种事后分担机制下,运营方不能获得死差益与利差益。

在运营角色及费用构成方面，网络互助由于加入时无需缴费或仅需缴纳很少的费用，门槛较低，主要依赖互联网自发传播，其渠道成本大幅降低，也无需投入大量销售人员。此外，在争议解决方面的去中心化，也是网络互助区别于商业保险的重要特点。

（三）网络互助与相互保险字面上均有"互助"，两者的区别是什么

两者虽然都有"互助"字样，但双方在发起方、资金管理等方面存在较大差异。成立相互保险公司需要有主要发起人和一般发起人，成立互助保险公司一般发起会员不得低于 500 个，初始运营资金不得低于 1 亿元人民币。网络互助平台背后的运营公司大多是科技公司，相关部门目前对于成立网络互助平台没有严格的资金和人数限制，成员无需缴费或只需缴较少费用。

在资金管理方面，相互保险组织的资金实行全托管制度，在保证资金安全的前提下根据监管要求进行资金运用；对于有资金池的网络互助平台的资金管理，目前法律并无明确规定。

（四）网络互助与社会慈善都有大病帮助功能，两者如何区别

网络互助与社会慈善都具有"人人为我，我为人人"的普世精神，但在产品本质和运营模式上两者存在较大区别。首先，从两者的本质来看，慈善以具备"利他"性为主要特征，而网络互助的本质在于"自我保护"。慈善是自愿、无偿地赠予财产的一种方式，是一种单向的、不针对特定对象的赠予行为，不能预期获得风险保障回报，更无双方的有偿协议约束。表面上来看，网络互助中给付互助金行为与捐赠行为类似，然而这种"捐赠行为"并不符合无偿的

特征。分担互助金是成员在契约（即互助计划成员规则）下的应尽义务；同时，成员在符合求助条件的情形下，拥有通过互助平台获得相应救助的权利。

其次，从两者运营模式来看，慈善组织由非营利性组织运营，不具备商业属性，而互助平台具备商业性质。网络互助平台除了收取一定比例的管理费外，部分平台也开始逐步利用运营网络互助计划过程中集聚的成员资源，探索建立健康咨询、保险产品销售、线上商城等商业模式。

（五）网络互助与大病众筹及个人网络求助之间有何异同

网络互助不同于个人网络求助，后者是针对已发风险的单向施惠，前者是成员间针对未发风险的风险共担。在大病领域，表面上个人网络求助和网络互助均以大病为风险标的，均有公众参与，似有相似之处，但实际上二者具有核心区别。个人网络求助是在求助者已发生疾病的情况下，由公众对其进行单向的好意施惠，求助人与赠予人之间是赠予关系。网络互助针对的是成员尚未发生的患病风险，是一种风险共担机制。

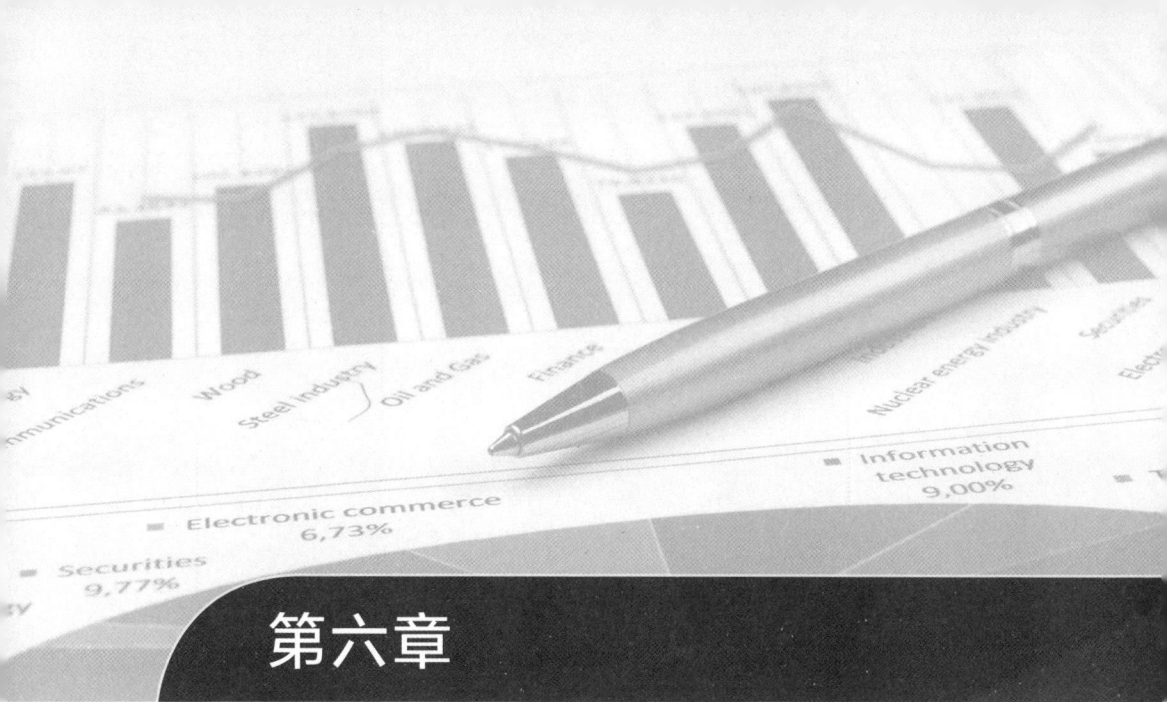

第六章

数字信用发展探索

全球已进入数字经济时代，尽快建成覆盖全民的社会信用体系是我国实现数字经济全球领跑的最关键金融基础设施之一。经过改革开放40余年的努力，我国为40%的成年人建立了有效金融信用，如果按照发达国家建设全民信用体系需要上百年的建设过程推算，我国实现信用全覆盖可能还需要数十年的漫长时间。如何利用数字经济和数字金融的有利条件，加快我国社会信用体系的建设，是我国经济、社会发展的重要真命题。

近年，我国多级政府部门、金融监管部门、金融机构以及数字金融平台企业，在建设数字信用体系方面进行了有益探索。

第一节　国外社会信用体系建设的不同路径

社会信用体系是以信用为基础进行社会资源配置的创新制度安排。其由一系列法律、规则、方法、机构所组成的支持、辅助和保护信用交易得以顺利完成的社会系统。简言之，社会信用体系是信用交易的辅助性社会系统，其功能包括：规范信用交易主体的行为，提供信用决策支持，保护交易主体的权益和维护信用体系自身运作。

原来的市场经济按真实资本配置资源，而当市场经济进一步发展和成熟后，社会将按信用配置资源。社会信用体系建设给各个社会主体以公平发展的机会，比如没有真实资本（抵押物）的小微企业也可以用信用贷款经营。这是人类社会管理的进步，是社会治理水平的提升，最根本的是解决了社会发展的平等问题①。

一、美国

美国是世界上社会信用体系发展最完善的国家之一，形成了主要依靠市场管理运作的信用模式，其中信用中介机构发挥了主导作用。美国有许多专门从事征信、资信评级、商账追收等业务的信用中介机构。在企业征信领域最具影响力的邓白氏公司拥有世界上最大的数据库，覆盖了过亿的企业信息，全方位向企业提供信用服务。

---

① 吴晶妹：《社会信用体系建设是时代所需》，《征信》2015 年第 2 期。

美国还建立了专门从事个人信用评估和中小企业信用数据搜集的信用局，主要通过公民从出生便一直拥有的社会保障号来收集记录保存公民的信用额度、房屋贷款还款、银行开户记录等信息。资信评级行业有穆迪、惠誉、标准普尔世界三大评级公司。商账追收、信用保险、保理、信用担保也是信用中介机构提供的重要服务内容。①

美国具有较为完备的信用法律法规体系。权益保护方面有《公平信用法》《平等信用机会法》，信息披露方面有《诚实借贷法》，中介服务方面有《公平债务催收作业法》，信用消费方面有《信用卡发行法》，银行信用方面有《银行平等竞争法》等法律。随着美国社会经济状况的变化，这些法律法规也被不断进行修改完善。

美国的市场力量也扮演了重要角色。例如信用报告协会、信用管理协会、美国收账协会等，采取行业自律的特色监管方式，行业协会还代表行业为本行业争取利益、促进行业健康发展。有关政府部门和法院虽然在监管中具有一定的影响力，但总体干预较少，发挥的作用有限。由于美国的信用交易已经普遍存在，社会主体的信用意识也强，信用记录有显著瑕疵的个人和企业，其生活和发展会受到明显的负面影响。失信者在经济中的失信行为会被扩大到整个社会生活中，在法律规定的时限内，失信记录会被保存和传播，如《公平信用法》规定，破产记录保存年限为 10 年，偷漏税和刑事诉讼记录等其他信息则保存 7 年。失信者会受到惩罚，而守信者则会获得种种便利和好处。因此，消费者一般每年都要检查一次自己的信用报告，明确了解自己的经济信誉情况，主动维护自己的良好信用信息。

---

① 郭娜：《国外社会信用体系建设经验及借鉴》，《华北金融》2013 年第 10 期。

随着金融科技能力在全球的普及，美国也逐渐进入数字信用阶段，传统信用公司纷纷数字化转型，也涌现了一批新兴的数字信用公司。以传统信用公司穆迪集团为例，穆迪集团是为营造透明而完整的金融市场，提供传统信用评级服务、研究性产品与分析决策的公司。进入 21 世纪，穆迪集团一直在探索数字信用方向。自 2017 年起，数字化科技决策产品营收占比逐年增高，反映了数字市场与数字化信用评估业务的逐渐主导地位。再例如，邓白氏集团成立于 1841 年，是一家专门提供企业信息信用的信用公司，旨在所有经济环境下为企业提供信用参考、业务决策数据与分析咨询服务，90%全球 500 强企业是邓白氏集团的客户。邓白氏在数字时代也积极转型数据驱动的数字信用公司，推出了智能信息数据平台、智能信用管理平台等数字信用产品。此外，发展数字信用的金融科技公司也层出不穷，包括智能决策与科技服务、信息平台等，这都成为构建美国数字信用社会的重要新生力量。

图 6—1　美国信用市场图谱

资料来源：蚂蚁集团研究院整理。

二、欧洲大陆国家

欧洲大陆国家的社会信用体系普遍采取政府与市场并重的模式。在这种模式下，政府建立了非营利性的消费信贷登记系统，并形成了覆盖全国的社会信用信息网络数据库。在市场参与者方面，市场主体建立了私营信用数据库和行业协会数据库，补充和完善信用信息征集机制。以德国为例，德国的诚信体系建立于1927年，目前德国四分之三以上人口的信用记录都可查询。德国的诚信体系包含金融信用、商业信用与社会信用等范畴。如果有借债不还、考试作弊、乘车逃票、交通肇事等个人信用问题，都会记录在案，形成信用记录。

因为欧洲大陆国家有着全面的政府信用数据库、私营信用数据库与行业数据库体系，这也给欧洲的数字信用行业发展提供了良好的基础。近年来，欧洲数字信用企业的创新层出不穷，业务模式引领全球。

比如2009年成立的Modefinance，就是一家对信用评级和管理提供人工智能解决方案的金融科技公司。作为欧洲第一家金融科技信用评级机构，该公司按用户付费模式对非金融公司和银行进行信用评级，评级范围包括21个等级，从A1（最高信用等级）到C3（最低信用等级），以及为不合规企业或正在进行破产程序的企业保留的另外4个等级。该公司能够评估200多个国家的2.5亿多家公司，即使没有资产负债表数据。同时，还有一些欧洲数字信用公司推出RaaS（评级即服务）平台，例如wiserfunding等。欧洲在构建数字信用体系创新方面，充分发挥市场的带动作用，走在了世界的前列。

图6—2 欧洲信用市场图谱

资料来源：蚂蚁集团研究院整理。

第二节　我国社会信用体系建设的成绩与差距

我国社会信用体系建设经历了三个阶段，目前取得了较好的成绩。但相比发达国家和地区，我国信用体系建设还有很长的路要走。

一、我国社会信用体系建设的三个阶段

（一）市场萌芽阶段（20 世纪 90 年代）[1]

20 世纪 80 年代后期，我国市场经济发展很快，但信用风险也随之增加，诈骗和违约大范围、高频率发生，三角债、逃废债现象严重，一批信用服务机构因此应运而生。1988 年上海远东资信评估公司成立，1992 年中诚信信用管理有限公司、上海新世纪资信评估公司成立，1993 年深圳鹏元资信评估公司成立，1994 年大公国际资信评估公司成立，2000 年联合资信评级公司成立。这些公司的成立并开展业务，为债券发行、银行授信和市场投资等经济活动提供了信用支持。

（二）顶层设计阶段（1999—2013 年）

1999 年 7 月，上海资信有限公司成立。时任国务院总理的朱镕基同志于 9 月在人民银行的报告上批复"银行信贷登记咨询系统应

---

[1]　陈新年：《我国社会信用体系建设面临的问题挑战及对策》，《中国信用》2017 年总第 6 期。

赶快建立，全国联网。个人信誉公司同意在上海试点"，这标志着我国在国家层面开始推动社会信用体系建设。

2001 年 3 月，第九届全国人民代表大会第四次会议通过的《国民经济和社会发展第十个五年计划纲要》第一次在五年计划里明确提出"在全社会强化信用意识，整肃信用秩序，建立严格的信用制度，依法惩处经济欺诈、逃废债务、不履行合同、侵犯知识产权等不法行为"。

2002 年召开的党的十六大也明确提出要建立社会信用体系，此后的五年规划和党的十七大、十八大均把加快社会信用体系建设作为党和国家工作的重中之重。

（三）有序推动阶段（2013—2020 年）

在政府的大力推动下，信用服务机构大量涌现，市场对出台规划、统筹协调、避免重复建设的呼声日益高涨。

2003 年，国务院成立社会信用体系建设部际联席会议，由人民银行牵头起草信用体系建设规划，并推动信用立法、信用标准的制定。2007 年，《关于社会信用体系建设的若干意见》发布。2014 年，国务院颁布《我国社会信用体系建设规划纲要（2014—2020）》（以下简称《纲要》）。同年，国家发展改革委和人民银行制定下发了《社会信用体系建设规划纲要（2014—2020 年）任务分工》和《社会信用体系建设三年重点工作任务（2014—2016）》，社会信用体系建设明确了责任分工和工作任务的时间表。

近几年，在各级政府的直接领导和推动下，全国上下以公共信用信息平台建设为重点的社会信用体系建设工作加速进行，各地区、各部门在信用记录建设、信用信息共享平台建设、失信行为联合惩戒制度等方面做了大量工作，政府主导型特征明显。

二、我国社会信用体系建设取得的成绩

（一）央行征信工作取得实质性进展，为金融业发展打下坚实基础

在金融信用领域，人民银行征信系统是金融征信的"顶梁柱"，为金融业健康发展打下了坚实的基础。

20世纪90年代初，原中国人民银行深圳分行为了解决企业多头贷款和拖欠、逃废银行债务的行为，适应银行对贷款信息共享的需求，首先开始施行"贷款证"制度。随着IT技术的发展，纸质贷款证变为电子贷款卡成为现实。1997年，中国人民银行开始筹建银行信贷登记咨询系统。1999年底，银行信贷登记咨询系统上线运行。2002年，银行信贷登记咨询系统建成地级行、省级行、总行三级数据库，并实现全国联网查询。[①]

2004年至2006年，人民银行组织金融机构建成全国集中统一的企业和个人征信系统。今天的我国征信系统，已经建设成为世界规模最大、收录人数最多、收集信息全面、覆盖范围和使用广泛的信用信息基础数据库。截至2019年6月，征信系统累计收录了9.9亿自然人、2591万户企业和其他组织的有关信息，个人和企业信用报告日均查询量分别达550万次和30万次。人民银行的征信平台与各

---

① 黄文礼：《国内外征信系统发展经验以及启示》，浙江大学数学与互联网金融研究中心，2017。

大商业银行的柜台通过商业银行体系内部的互联网系统互相连接，商业银行是人民银行征信的主要信息来源，其收录的信息主要有：企业和个人的基本信息、在金融机构的借款、担保等信贷信息以及企业的各大主要财务指标。

（二）金融征信的市场化探索

在金融征信领域，我国也一直没有停下市场化探索的脚步。

我国自 1999 年开始在上海试点个人征信服务，至今为止，人民银行主导建设的人民银行征信中心提供了较为完善的银行间征信服务。在这个过程中，民营征信服务更多集中在企业征信，而个人征信基本没有涉及。在我国征信业发展 20 多年后，以 2013 年 3 月 15 日起施行的《征信业管理条例》为标志，国家开始鼓励民营征信机构涉足个人征信业务。

2015 年 1 月，人民银行发布《关于做好个人征信业务准备工作的通知》，要求芝麻信用、腾讯征信、深圳前海征信、鹏元征信、中诚信征信、中智诚征信、拉卡拉信用以及北京华道征信八家机构做好个人征信业务的准备工作。人民银行为探索金融征信的市场化以及民间征信机构成为人民银行的补充，作出了有益的探索与尝试。按股东属性，这八家机构可以分为互联网公司、金融机构、传统征信机构等，无论是数据源、覆盖人群还是主要场景都各有特色，互相补充。

2017 年，上述征信试点工作暂停，针对市场化征信也出现一些争议的声音。但各界人士普遍认为，市场化征信仍是未来发展方向。

三、我国离国际发达国家的信用体系还有差距

我国在信用体系建设方面取得了一定成绩，但是和美欧差距仍然很大。按照传统社会信用体系模式，我国要达到美欧水平，还需要几十年甚至更久。

以金融信用的征信体系为例，近 200 年来金融业为人类经济发展起到了极大的加速作用，金融业的基础则是信用体系。传统的征信体系，要求个人或企业必须有信贷记录才能形成有效征信。经过 100 多年时间的漫长市场培育，2017 年美国有 95% 的成年人在三大民营征信公司建立了传统征信记录。中国实行改革开放 40 余年以来，银行体系和监管机构努力推动建立中国的信用体系，目前已有 40% 即 4.8 亿中国成年人、不到 30% 即 2000 多万家小微企业在央行拥有有效征信。

我国当前还有超过 5 亿成年人以及 7000 多万家小微企业没有传统征信记录。这首先意味着除了存款服务以外，他们难以从传统银行获得金融服务；其次意味着我国要建成类似美国的传统式信用社会，还需要下一个 40 年甚至更久的时间。新人群的征信越来越难建，他们主要分布在三、四、五线城市，以及乡镇、农村，他们主要是农民务工者、农民，以及城市中的中老年群体、25 岁以下年轻人；是年营收在 300 万甚至 100 万以下，雇工 10 人以下、5 人以下，甚至只是夫妻老婆店的小微经营者、个体工商户。银行向他们提供贷款的成本极高，商业模式不可持续，也无法积累信用。

第三节　建设我国新型社会信用体系具有紧迫性

综合国内国际现实，我国建设与发达国家相似的社会信用体系，还需要数十年甚至更长时间。数字经济已经来临，其本身需要新型社会信用体系，我国应与时俱进，利用金融科技的有利条件提前布局建设新型社会信用体系。

一、新型社会信用体系的特点

在数字经济时代，数字技术生产力正在快速发展，并推动生产关系发生深刻变革。物联网、大数据、区块链、云计算等新核心技术的出现，以及经济、社会数据的进一步被获得与沉淀，已使得新型社会信用体系具备现实可行性。

新型社会信用体系和传统信用体系相比，有以下几点不同：

（1）新型社会信用体系更加普惠。传统的信用体系让头部人群能够获得金融服务，而新型社会体系长尾人群也能得到金融服务。

（2）新型社会信用体系更加"以人为本"。新型社会信用体系不以实物资产来判断人/企业的信用（"你有什么"），而是以人/企业的行为来判断信用（"你是谁"）。

（3）新型社会信用体系更加动态、实时化。技术的发展和数据的沉淀，用户可以实时积累信用、更新信用和使用信用。

（4）新型社会信用体系更加智能化。传统信用体系做到了"人找钱""企业找钱"，新型社会信用体系可以做到"钱找人""钱找企业"。

（5）新型社会信用体系的内涵更广，使用范围更广。传统信用体系往往指的是金融征信，而新型社会信用体系涵盖了金融信用、商业信用、政府信用、社会信用，是全方位的信用。

二、数字信用技术是建设新型社会信用体系的重要工具

（一）数字经济对社会信用体系影响深远

数字经济时代，互联网、云计算、智能终端成为新的基础设施，数据成为新的生产要素。数字平台逐渐从"多用户"走向"全用户"，数据呈现爆发式增长和海量集聚，整个社会进入"万物互联、实时互动、高度智能"的新时代。

数字经济对社会信用体系的影响是深刻的和多方面的，主要表现在：一是人们的经济社会活动将高度透明，市场信息不对称程度将大大降低，基于电子化的信用数据，更有利于建立市场主体信用档案和信用体系。二是社会信用与经济信用的界限将逐渐消失。借助于强大的计算能力、大数据挖掘和建模技术，可以将所有数据（包括非结构化、非量化数据）纳入信用评价范围，所有数据都将成为信用数据。三是信用数据可大规模自动采集，并可以实时分析评估，征信与评级的界限将消失，传统的征信和评级模式将被替代。四是信用机制与各种应用场景紧密结合，渗透到各种业务规则标准

流程，使得采信、评信、用信等融为一体。五是第一、第二、第三产业之间以及金融与非金融业务之间的边界也将模糊，在线供应链金融、消费金融迅猛发展，数字普惠金融成为可能。六是政府监管与市场自治的界限也将融合，市场监管将走向以数据为基础的"技术驱动型监管+法治"。

（二）利用数字信用技术建设新型社会信用体系

基于已有的发展基础和格局，我国利用数字信用技术，可有效推动信用服务市场的持续、快速、健康发展①。

数字信用技术可将信用产品的应用从信贷领域逐步推广至更多的交易场景、管理场景和交往场景，充分发挥信用机制的治理效能，扩大制度的供给。信用传统上被视为一个金融概念，但是进入数字时代，应进一步发挥信用体系的社会价值。数字信用技术可以扩大信用产品的使用场景，让衣食住行、公共生活、环境保护等中的履约行为和信用直接关联，不仅能够提高交易、管理、交往的效率，而且能促进人的素质提高和财富的积累。

数字时代，信用服务机构基于物联网、大数据、区块链、云计算等技术进行信用评级方式、信用产品和服务应用方式等的创新。数字文明时代基于数据的管理、服务和创造对生产力的发展具有无与伦比的价值。物联网加强了数据的密度，大数据拓宽了数据的宽度，区块链保证了数据的可信，云计算提升了数据处理的速度，四者无一不成为新时代的基础技术。信用服务机构可以利用好这些基

---

① 北京大学中国信用研究中心：《我国社会信用建设理论和实践问题综合研究》，2019。

础技术，推动信用产品和服务更有效、更科学地生产和更广泛、更便捷地应用。

数字信用技术可以鼓励更多市场主体利用自身的大数据优势，探索信用服务的新途径。在数据安全和隐私保护的前提下，信用信息的范围从金融、工商、税务、公安、法院、教育、民政、社保、质检、环保等领域扩展到购物、出行、社交、医疗、饮食、运动、睡眠等方面，将独立的数据点扩展到连续的数据流。

（三）新型社会信用体系"弯道超车"应充分发挥市场化机构的力量

新型社会信用体系"弯道超车"应坚持走市场化的道路，促进和发展信用服务市场。虽然政府拥有最庞大、最完整的数据集，但政府自身不成为一个信用服务市场的竞争主体。政府开放信用服务市场，允许不同所有制的信用服务机构在数据的采集、整理、分析、信用模型建立、信用产品使用场景等多个方面进行自由竞争，是数字信用时代的发展趋势。过去政府部门已经建立了非常好的信用底盘。数字经济时代通过市场化方式建立新型信用体系，既符合国际惯例，在国际上更容易得到认可，还可以加快我国传统信用体系发展。

在金融信用领域，当今全球均在效仿美国式征信体系，但其征信系统并非国有，而主要由 Equifax、TransUnion 和 Experian 三家市场征信机构完成，进而由美国监管机构认可。进入数字经济时代，我国存在利用数字信用模式快速建成新型信用社会的巨大机会，建成由政府主导、市场化机构参与的数字信用体系。

在商业信用领域，数字信用体系是在我国现有征信体系基础上新增的一条跑道，它不仅不会阻碍传统征信业的正常发展，还可以成为传统征信业的有效补充，并使更多居民快速进入传统征信业，加快我国形成多层次信用体系和进入信用社会的步伐。

第四节　我国数字信用技术应用的民间探索

　　区别于传统征信，数字信用引入了传统信贷数据以外的丰富数据源，包括互联网金融、消费金融等信贷历史，公积金、社保、学历、职业、车产、电商消费、水电煤缴费、司法信息，甚至人脉关系等各方面与信用相关的数据。在数据基础上开发科学模型，利用算法和技术给长尾个人和小微企业形成信用评估结果，并按照评估结果给予他们适当的金融服务、商业服务和社会服务。

一、金融信用领域的探索

　　近年，蚂蚁集团利用数据信用模式让超 3000 万家长尾小微企业和约 5 亿的个人拥有金融信用评估记录，获得金融服务。遍布我国城镇大街小巷的小饭馆、早餐店、菜场菜肉摊、理发店等个体经营户、农村种植户、养殖户等，在全国加起来有接近 1 亿的数量。尽管我国一直在解决小微企业融资难，但这部分经营户实在太小，90% 以上在银行系统没有信用记录，金融服务多年来一直空白。蚂蚁集团近年通过"码商"等模式实现上述个体经营户的数字化，进而利用算法和技术为其进行数字信用评估。通过这一模式，近 5 年已有 3000 万家以上小微企业得到网商银行的信贷服务，网商银行成为中国甚至全球服务小微企业数量最多的银行。

　　针对我国近 7 亿人没有征信记录的现实，蚂蚁集团近年也用数字信用的方式为约 5 亿"信用白户"进行金融信用评估，创设了花呗、借呗两个爆款数字金融产品向其提供金融服务。这一模式为三、四、五线城市居民以及农村人群建立了数字信用体系，让他们提高消费能力，有助于我国释放内需。数年发展的实践证明，数字信用是适应数字经济时代的必然产物，其不良率仅为 1.5% 左右，低于银行消费信贷。

　　除了蚂蚁集团，一些金融科技公司具备较强的创新能力，纷纷进行了结合自身场景提供数字信用产品的探索。京东 2014 年推出了"京东白条"，腾讯和美团 2020 年分别开始测试"分付"和"月付"。此外，消费金融公司也在积极推出创新的数字消费信贷产品，并结合自身或者股东方的资源推广，例如苏宁消费金融公司 2015 年推出了"任性付"，招联消费推出了"信用付"。这些数字消费信贷产品，也帮助我国居民积累了数字信用，有助于构建数字信用体系。

表6—1　部分小额消费信贷产品情况

公司名称	产品名称	主要功能	使用场景
微信	分付	在使用微信付款时，可以使用"分付"先付款，再在账期内延长时间付款或者将账单进行分期付款，产品模式与花呗相仿	微信支付覆盖的消费场景，吃饭、购物、旅行等
百度	有钱花消费分期	提供面向大众的个人消费贷款，先享受服务，再支付费用	培训教育（教育分期），口腔医疗医美（美业分期）等，非百度自有平台

公司名称	产品名称	主要功能	使用场景
美团	月付	美团月付最长免息期为 38 天，支持延期、分期还款，产品模式与花呗相仿	美团外卖、大众点评、打车、出行、住宿、电影、摩拜单车等
京东	京东白条	产品模式与花呗相仿，让用户可以享受到"先消费、后付款，实时审批、随心分期"的消费体验	京东电商平台、旅游、教育、住房等，绑定微信支付
小米	小米分期	小米分期是小米公司旗下小米贷款推出的一款先享受产品，再分期付款的服务	小米网分期购物，个人消费等
携程	拿去花	携程金融联合各大银行、消费金融等拥有合法金融业务资质的机构共同推出的信用消费服务	携程旅行预订酒店、机票、车船票，购买旅游产品等
苏宁	任性付	任性付是苏宁金融旗下的个人消费贷款品牌，旨在为个人用户提供多场景、全渠道、全方位的小额消费贷款服务。无抵押、免担保、0 首付、低利息，能够让消费者先享后付	苏宁电商平台、旅游、教育、车位等
海尔	分期购	在公司的一站式生活金融消费平台上提供场景分期服务，围绕各家庭需求，依托线下布局，为消费者提供分期服务	海尔电商平台，家电装修教育等分期
360 金融	360 分期	360 金融的消费金融子品牌，其通过自主搭建分期电商平台，绑定已有金融科技业务，0 首付分期购	360 分期购物平台（苏宁易购等合作）
招联金融	信用付	支持招联自有分期商城等，先消费后付款	招联线上分期商城、医美、教育等

公司名称	产品名称	主要功能	使用场景
乐信分期	分期乐	分期乐是专注于年轻人的分期购物商城，可先消费后还款，快速借款	分期购物平台分期乐商城，3C数码、运动户外、洗护美妆、教育培训、吃喝玩乐
捷信消金	商品贷	捷信的商品贷，即客户在与捷信有合作的商店选购自己心仪的耐用消费品，然后以分期付款的形式买单	捷信分期购物商城、家电，手机等
马上消金	分期购物	根据用户的信用情况，提供500~200000元的贷款额度，并自带分期商城	马上金融App商城中的分期场景

二、商业信用领域的探索

在商业信用领域，芝麻信用利用数据信用模式成功探索出一条独特的商业信用之路，提升社会效率，并促进我国守信社会的建立。因为看到数字信用将会成为数字经济时代国家新型信用体系基础的可能性，2015年蚂蚁集团成立芝麻信用，随后创新性推出针对个人的商业信用评估服务——芝麻信用分。截至2020年6月，已有接近6亿用户开通芝麻信用分，这些信用分在超过40个行业场景得到了应用，通过信用的能力帮助民众获得各种信用便利，减免了押金、证件、材料、时间等，社会效率得以提升。

芝麻信用自成立以来就一直在探索让信用替代押金这一方式，其终极目标就是让"押金"消亡，彻底免除消费者资金安全隐忧，2017年11月，芝麻信用宣布投入10亿元，通过对商家引入保险、运营鼓励等多种方式，推动更多商家向信用分较高的用户免收押金。

重要的是，推行信用免押服务的企业并没有出现明显资损，甚至因为用户量的快速增加，更快地进入了盈亏平衡期。据芝麻信用的数据显示，在手机、3C数码、服装、充电宝等领域，大部分商品免押金后的用户违约率减少了一半，新用户则增长了60%以上。

信用租赁的模式还在不断发展壮大中。据数据显示，2020年信用租赁领域主要有三大趋势变化：三线城市崛起、年轻化趋势愈发明显、男性用户增长大幅提升；此外，租赁单品从2017年的单车、充电宝转向更加丰富的3C数码、服装饰物、图书等。与此同时，单品能免掉的押金数额也越来越大，比如一款价格超过10万元的商品出租，用户在使用芝麻分之后最高可以免掉1.5万元的押金。

信用免押打破了原有商业模式里用押金解决信任问题的思路，为共享经济打开了新的想象力，但同时，信用免押能否起到传统押金的风控作用，也成为行业关心和需要突破的问题。事实证明，共享经济正在向以信用免押金为核心的新租赁经济升级。绝大多数企业在推行信用免押服务后，并没有出现明显的资损，甚至因为用户量的快速提升而更快进入盈亏平衡期。以共享单车行业为例，引入芝麻信用后，行业租金欠款率下降52%，违章罚款欠款率下降了27%，丢车比率下降46%，在手机、3C数码、服装、充电宝等商品租赁共享领域，最近三个月免押金订单量月均增长了60%。

2017年6月，芝麻信用推出了商家芝麻分，主要针对小微企业展开评商家信用评价，使用该商业信用评估得到采购赊销、租赁免押等服务。到2020年6月，已有超过5000万的小微商家开通了商家芝麻分。

　　无论是个人端还是企业端，芝麻信用均推出了动态、闭环的激励和约束机制。每一个点滴的守信行为都能得到激励，相反失信行为则会被记录甚至惩罚，芝麻信用的创新做法让个人和小微企业通过日常信用意识来进行商业信用积累。

第七章

数字金融的技术支撑体系

2019年8月，中国人民银行印发《金融科技（FinTech）发展规划（2019—2021年）》（银发〔2019〕209号）（以下简称《规划》）。此次规划，是央行2017年成立金融科技委员会之后为我国数字金融发展谋划的顶层设计。

在这份顶层规划中有七项关键的金融新技术被重点提及，分别是人工智能、区块链（分布式记账本）、物联网、云计算（包括分布式数据库）、大数据、网络身份认证体系和监管科技。《规划》对该七项关键技术在数字金融发展中的重要性给予了高度重视，并提出深化应用的要求。

为什么我国在数字金融顶层设计特别重视这七项金融新技术？这些关键技术的原理是什么，在数字金融中可以起到什么重要作用，目前应用情况如何，出现了什么样的创新？本章将详解除监管科技外的其余六项关键金融新技术的应用情况。

在七项关键金融新技术研发、应用之外，数字金融的技术支撑体系中还面临另一个核心问题，即集中式技术架构已不能适应数字时代金融业的发展所需，开放式、分布式技术架构势在必行。本章将在第三节进行专门介绍。

第一节 六项关键金融技术及其在金融领域的重要作用

一、人工智能

(一) 定义与技术原理

人工智能简单来说就是让机器具有类似人类一样的智慧思考能力，可以自主地进行分析，并作出决策。

广义地讲，任何机器具备类似智能思考和应对的能力，都可以算作人工智能。这与我们平常所说的智能手机、智能家电中的智能概念类似，它们通常具备一定的自动化的能力，用户在使用中可以感受到丰富多样、灵活个性的功能，仿佛这些设备具有"智能"。

狭义的人工智能，则强调机器需要具有自我学习的能力，也就是说机器表现出的"智能"不完全是由人工事先就可以设定的各种情形编程，然后指挥机器的结果，而是机器基于基础的算法，能够自我整理、分析数据，判断外部情形并作出决策，实现自我习得的"智能"。人工在这里不需要就各种可能面对的情形一一教会机器如何应对处理，而是教给机器"方法"，也就是基础的模型算法，由机器基于数据和算法通过大量的训练来"学会"作出合适的决策。当前我们提到和讨论人工智能时，更多的是指强调机器自学习能力的狭义人工智能。

近年来人工智能技术快速发展，主要是因为算力、数据、算法三要素有了突破性进展。科学家发明机器人，让机器具有人类一样智慧的想法很早就萌发了，人工智能的概念也在20世纪50年代就被提出了，但要让机器具备自我学习的能力，需要强大的算力支撑，海量的数据用于训练机器的算法模型，早期的计算机发展还不足以支持。最近几十年，计算机算力以摩尔定律预测的速度，每18~24个月即提升一倍。现在一部智能手机的计算能力，已远胜计算机刚刚诞生时期的大型机。数据量也由于互联网、物联网的发展呈几何级数的爆发，研究机构IDC预计2025年全球数据量将达到175ZB①。算法方面，深度神经网络模型等算法也被不断探索和丰富改进，促使人工智能实现了突破式的发展。

（二）人工智能在金融领域的重要作用

人工智能作为综合性的基础技术，在众多领域有广泛的应用。在零售领域，机器学习帮助企业生成精确的客户画像，捕捉客户行为，分析真实需求，针对性地推进最适合客户的产品，乃至为客户开发个性化的产品；在制造业，利用机器人代替人工，提升工作效率，在危险场景或者需要高度精准的场景，机器人显示出更明显的优势；在智能城市中，公共服务、城市管理等借助人工智能更加便捷高效；在医疗领域，智能影像技术可以实现快速查证癌症等癌细胞相关疾病；在交通领域，领先企业的无人驾驶汽车已经落地上路，未来对汽车制造和交通规划都会产生颠覆式的影响。可以说，但凡需要"智能"的领域，人工智能技术都将重塑这些领域的未来。

---

① 1ZB等于2的70次方字节，等于1万亿GB，目前常用的笔记本电脑硬盘一般500GB。

人工智能天然适合在金融行业中应用。金融业务本身就是一个海量数据的行业，而且相比于其他行业，多数金融数据具有准确度高、标准明晰、可回溯、可预测检验等特点。而人工智能基础的机器学习方法，正需要准确、有标识的数据进行训练，在大量回溯和检验中，人工智能能够高效地积累起预测能力，实现"智能"。金融行业的海量数据给机器学习提供了最优质的"饲料"。

人工智能可以推动金融业务模式的革新与升级。金融业务的开展中，分析和洞察能力是业务的关键，而人工智能提供的智能分析和洞察，可以在金融服务的各个环节、各个领域改进甚至取代原有模式，实现金融服务能力的提升。在精准营销领域，人工智能全方位了解和刻画客户的特征，深入洞察客户需求，可以预测客户行为、需求的变化，以最具针对性的产品满足客户需要。在资产管理领域，智能投顾、智能投研一方面提升了组合配置资产的能力，另一方面更加了解客户差异，将金融服务和客户需求实现最高效精准的匹配。在授信融资和风险防控方面，人工智能依赖自学习能力，突破传统信用评分模型的局限，可以容纳更多的数据维度考察授信对象的风险特征，实现更加精准的风控识别度。总体而言，人工智能将推动金融服务向主动化、个性化、智慧化发展，形成数据驱动、人机协同、跨界融合、共创分享的智能经济形态。

二、区块链

（一）定义与技术原理

根据 ISO 国际标准，区块链被定义为使用密码学技术将共识确认过的区块按顺序追加而形成的分布式账本。

区块链技术起源于比特币背后的技术体系。2008 年，化名中本聪（Satoshi Nakamoto）的个人或组织建立了一种无需中介的电子现金系统，这种系统通过点对点网络、加密算法、共识机制、时间戳等技术构建，被命名为"比特币"。而随着比特币系统持续地平稳运行，其背后技术系统愈来愈受到关注，业界将这种技术体系称之为"区块链技术"。

对区块链技术的深度挖掘，让其展现出远大于虚拟货币本身的颠覆性意义。区块链是制造信任的机器，通过创新技术构建新一代的信任机制，可广泛应用于离散程度高、链路长、涉及环节多的场景之中，对数字经济起到巨大支撑作用。作个形象的比喻，区块链技术相当于水，比特币相当于水中的一种鱼；但水里还可以长出各种虾、蟹、贝壳、植物等，区块链就是这个生态体系的基础。从2012 年开始，区块链开始脱离数字货币独立发展，成为数字经济、数字金融和数字信用体系等底层技术重要基础设施。

区块链技术具备分布式存储、信息透明、不可篡改、可追溯、自动化执行等技术特点。

第一，分布式存储。区块链是"去中心化"的、数字化的、公开的交易账本。网络中的每个节点都存储账本的一个副本，每个节点也都有机会通过共识协议获得记账权。

第二，信息透明。每个节点都可以加入网络参与接收、传播和验证账本上的数据，而且区块链的信息传输对每个节点是同步的，实现了"信息透明"。

第三，不可篡改。区块链技术把数据不可篡改性做到了极致。账本上的数据，按照节点每一次记录的时间顺序组成固定大小和格式的区块；通过共识机制、密码技术将每个区块按照顺序首尾相连形成链条，并加盖时间戳。

第四，"可追溯"。因为每笔交易均被各个节点记录，很难被篡改和删除，所以区块链技术可以轻松实现资产数量变化和交易追踪。

第五，自动化执行。区块链还可以进行编程，引入智能合约技术实现自动化处理。

由于区块链的上述特性与架构体系，被认为是数字时代"解决信任问题"的最理想技术方案。首先，利用区块链技术可以构建新一代的信任机制，推动社会治理将更加有序、高效。在未来通过区块链技术创新的数字世界里，数据可以像物理世界的东西一样真实可信。其次，区块链有潜力催生真正的可编程经济。区块链平台能引入可编程智能合约，当智能合约的覆盖领域越来越广，复杂程度越来越高，世界经济将变成真正的可编程经济。

（二）区块链对金融领域的重要作用

区块链去中介化、不可篡改、可追溯的特点，使得它成为一种构建金融信任的新范式。信任是金融业务的基础，为了建立信任机制，传统的金融模式下发展形成了大量带有中心化性质的中介机构，包括交易所、产权登记中心、支付清算中心等。这些中介机构通过扮演中性、独立角色服务各参与方，建立起以中介机构为中心的信任机制。中介机构的可靠性成为整个信任机制的关键，一旦其中立性受到损坏，信任体系也将遭受挑战。区块链模式则完全不同，它将所有交易记录发布于网络之上，公开透明，不可篡改，基于事先设计的规则，不依赖于单个或部分机构的行为，形成了无需中介机构的信任范式。

在强烈需要信任机制，而传统信任机制尚未建立或运作效率较低、成本较高的领域，如数字货币、跨境支付、供应链金融、互联网保险等，区块链技术已经展现出其生命力，在这些领域构建起全新的信任范式，也形成了与传统金融完全不同的商业运作模式。

区块链可以将金融机构的服务与实体经济的业务流程可信地连接在一起。金融服务的触达，必须是可信的触达。随着数字经济发展，网状协同的生产模式成为主流，产业链条上的信息、服务更加碎片化，这些给金融服务带来挑战，而区块链基于网络共识的信任背书机制，让金融服务可以穿透性地触达到所需的企业与消费者。以供应链金融为例，面对小微企业融资难、融资贵的问题，传统的供应链金融服务通常只能服务到核心企业的直接上下游一级供应商，供应链条上的末端小微企业则很难被触达；而通过区块链技术，基于可信的资产数据与高效的链上交易，金融机构可以触达到末端小微企业，并提供融资、担保、结算和分佣等完整金融解决方案。近年，我国金融科技企业在区块链领域持续投入研发，在全球区块链专利技术数量方面占据优势地位。

当前，全球主要国家都在加快布局区块链技术发展，主流厂商纷纷进入区块链领域。脸书在推进天秤币（Libra）的发行，摩根大通集团已发行摩根币 JPM Coin，拟以数字稳定币重构全球金融基础设施网络，以太坊、Ripple 等大量区块链初创公司涌现，是全球区块链发展竞争白热化的最新例证。

国内区块链技术的发展和应用也受到高度重视。2019 年 10 月，习近平总书记在中央政治局第十八次集体学习时指出："区块链技术的集成应用在新的技术革新和产业变革中起着重要作用。""我国在区块链领域拥有良好基础，要加快推动区块链技术和产业创新发展，积极推进区块链和经济社会融合发展。"将区块链发展提升至国家战略的地位，体现了党中央和国务院对创新技术的远见和布局。

三、物联网

（一）定义与技术原理

物联网是通过技术实现"万物互联"的网络。物联网概念最早是由 1999 年 MIT Auto-ID 中心的 Ashton 教授在研究 RFID（射频识别技术）时提出。2005 年，国际电信联盟（ITU）发布了《ITU 互联网报告 2005：物联网》，将物联网定义为通过二维码识读设备、射频识别（RFID）装置、红外感应器、全球定位系统和激光扫描器等信息传感设备，按照约定的协议，把任何物品与互联网相连接，进行信息交换和通信，以实现智能化识别、定位、跟踪、监控和管理的一种网络。

物联网技术在迅速拓展和渗透，在诸多行业形成创新性业务模式。据研究机构 IDC 预测，到 2025 年，全球物联网设备数将达到416 亿台，产生 79.4ZB 的数据量。

（二）物联网对金融领域的重要作用

物联网可以给金融行业带来多方面的改变。

首先，物联网拓展了金融服务的范围。传统的金融服务以人为中心，但物联网使得万物互联，数百亿计的设备进入互联互通的网络，交互信息，沉淀数据，金融机构依赖这样的数据，能够触达的世界大为扩展，能够提供的服务形式和种类也极大丰富。物联网带来的技术进步将提供金融服务新的生产可能性边界，构建了金融创新的基础。

其次，物联网能解决信息不对称问题，使得信用交换的中间费用大大降低。在物联网模式下，可以随时随地掌握物品的形态、位置、空间、价值转换等信息，并且信息资源可以充分有效地交换和共享，很大程度上解决了"信息孤岛"和信息不对称问题。

最后，物联网金融促进有效的风险管控。金融业本质上是经营风险的行业，风险控制是金融发展和创新的关键。物联网让金融体系从时间、空间两个维度上全面感知实体世界行为，对实体世界进行追踪历史、把控现在、预测未来，让金融服务融合在实体运行的每一个环节中，有利于全面降低金融风险。

四、云计算

（一）定义与技术原理

云计算是分布式计算的一种，指的是通过网络"云"将巨大的数据计算处理程序分解成无数个小程序，然后，通过多部服务器组成的系统进行处理和分析这些小程序得到结果并返回给用户。通过云计算的分拆再汇总，可以在很短的时间内完成对数以万计的数据的处理，从而达到强大的网络服务。分布式数据库，则是支撑云计算将数据进行数据分布存储、数据同步，保障数据一致性、安全性的数据库技术。

经过探索发展，云计算逐渐形成了从底层到应用三个层次的服务：一是基础设施即服务（IaaS）是主要的服务类别之一，它向云计算提供商的个人或组织提供最基础的云计算能力，如虚拟机、存储、网络和操作系统。二是平台即服务（PaaS），为开发人员提供通过全球互联网构建应用程序和服务的平台，是中间层级的服务。PaaS 为开发、测试和管理软件应用程序提供按需开发环境。三是软件即服务（SaaS）也是其服务的一类，通过互联网提供按需软件付费应用程序，是最上层，直接为客户提供直接可用能力的服务。

（二）云计算对金融领域的重要作用

云计算是数字时代的"水"和"电"，金融机构系统未来均会构建在云上。

首先，集中式架构的性能局限已不能承载未来的业务需求，金融机构系统上云是必然选择。互联网从桌面端到移动端的普及，网络从 2G、3G、4G 升级到 5G，信息的形式从文字到图片再到视频，金融机构在数据爆发的时代下面临的数据存储和计算需求也呈指数级上升，集中式的架构只能采购高昂的大型机服务器或小型服务器来扩展承载能力，IT 硬件成本随着存储和计算需求指数级上升，远远超过了对应的收入增长，商业上完全无法持续，金融机构系统上云成了必然选择。

其次，云计算相比集中式架构具有弹性伸缩、整体稳定、易于开放等特点。云计算基于并行分拆和横向扩展的理念，把数据和计算分配到大量低成本的 X86 服务器上，大大降低了硬件成本，同时可以按需求连入新增服务器，快速横向扩张。总体而言云计算最核心的优势是低成本地实现系统承载能力快速伸缩，以应对快速变化的需求。此外，云计算还具备整体稳定性高，单台设备故障对整体影响小，系统具备开放特性易于共享等特点。

云计算在金融行业的应用正在加速，领先金融机构已经规模化应用。基于业务的迫切需要和成本考虑，云计算已在互联网公司中更早地实现了广泛应用，但金融机构由于对金融数据安全性、一致性的更高要求，上云速度相对较慢。随着分布式技术包括算法、数据库等底层的不断完善和成熟，近年来云计算应用云金融业务也开始加速。

最典型的场景就是支付宝基于云计算的技术架构，支撑了多年来"双十一"快速增长的峰值支付交易量，从 2013 年"双十一"当天的 1.8 亿笔到 2019 年 14.8 亿笔，系统承载能力上升了一个量级，这是集中式架构无法在合理成本内实现的。国内银行作为支付交易的最终服务提供者，也早已意识到了高频支付对系统带来的挑战。另外，银行自身业务中的一些高频场景，如热门纪念品发行、促销、集中代发工资等，也推动银行向云计算架构转型。一些大型银行如工行银行、建设银行等通过自建方式布局私有云，而南京银行、长沙银行等中小型银行则与领先云服务商如阿里云等合作，实现高效上云，大幅提升了系统对业务的承载能力。

五、大数据

（一）定义与技术原理

麦肯锡全球研究所对大数据的定义：一种规模大到在获取、存储、管理、分析方面大大超出了传统数据库软件工具能力范围的数据集合，具有海量的数据规模、快速的数据流转、多样的数据类型和价值密度低四大特征。

大数据的应用和技术是在互联网快速发展中诞生的，起点可追溯到 2000 年前后。当时互联网网页爆发式增长，每天新增约 700 万个网页，到 2000 年底全球网页数达到 40 亿，用户检索信息越来越不方便。谷歌等公司率先建立了覆盖数十亿网页的索引库，开始提供较为精确的搜索服务，大大提升了人们使用互联网的效率，这是大数据应用的起点。当时搜索引擎要存储和处理的数据，不仅数量之大前所未有，而且以非结构化数据为主，传统技术无法应对。为此，谷歌提出了一套以分布式为特征的全新技术体系，以较低的成本实现了之前技术无法达到的规模。这些技术奠定了当前大数据技术的基础，可以认为是大数据技术的源头。

伴随着互联网产业的崛起，这种创新的海量数据处理技术在电子商务、定向广告、智能推荐、社交网络等方面得到应用，取得巨大的商业成功。这启发全社会开始重新审视数据的巨大价值，于是金融、电信等拥有大量数据的行业开始尝试这种新的理念和技术，取得初步成效。与此同时，业界也在不断对谷歌提出的技术体系进行扩展，使之能在更多的场景下使用。2011 年，麦肯锡、世界经济论坛等知名机构对这种数据驱动的创新进行了研究总结，随即在全世界兴起了一股大数据热潮。

大数据具有 4V 特征：

一是数据体量巨大（Volume）。以百度首页为例，其导航每天需要提供的数据超过 1.5PB（1PB＝1024TB），这些数据如果打印出来将超过 5000 亿张 A4 纸。有资料证实，截至目前，人类生产的所有印刷材料的数据量仅为 200PB。

二是数据类型多样（Variety）。现在的数据类型不仅是文本形式，更多的是图片、视频、音频、地理位置信息等多类型的数据，个性化数据占绝对多数。

三是处理速度快（Velocity）。数据处理遵循"1 秒定律"，就是说对处理速度有要求，一般要在秒级时间范围内给出分析结果，时间太长就失去价值了。速度要求是大数据处理技术和传统的数据挖掘技术的重大区别。

四是价值密度低（Value）。以视频为例，一小时的视频，在不间断的监控过程中，可能有用的数据仅仅只有一两秒。

（二）大数据对金融领域的重要作用

跨领域的数据融合应用到金融业务是未来的发展趋势。从 21 世纪以来，学术界中涌现出了一批关于大数据与金融之间联系的研究成果。2010 年，美国印第安纳大学的一项研究成果表明从 Twitter 信息中表现出来的情绪指数与道琼斯工业指数的走势之间具有很强的相关性。研究表明，Twitter 中表现出来的情绪和道指接下来几天的上涨或者下跌的相关性达到了 87％。随后在 2011 年，作者将研究的范围扩展到了新闻调查、Twitter 订阅以及 Google 搜索引擎数据，通过情绪追踪技术，比较这些指标对道琼斯工业指数价格、交易量、市场波动率（VIX）还有黄金价格的影响。同时，作者还使用了传统的记录投资者情绪的数据，与上述的互联网上的大数据进行比较，看它们对金融市场的影响。结果表明，传统的关于投资者情绪的调查数据是金融市场的滞后指标，也即是说，利用传统的投资者情绪指标无法预测股票市场的涨跌变化。然而，每周的 Google 金融搜索数据则能够预测股票市场的变化，用 Twitter 投资者情绪指标预测一到两天后的股市收益率的结论也是统计上显著的。这就说明，利用网络大数据来预测股市的变化是可行的。此外，美国佩斯大学在 2011 年的研究成果表明，社交媒体可以预测出三大国际知名品牌股票价格的涨跌，包括星巴克、可口可乐和耐克。

大数据能力已成为金融机构发展的核心竞争要素。随着大数据技术的广泛普及和发展成熟，金融大数据应用已经成为行业热点趋势，在交易欺诈识别、精准营销、黑产防范、消费信贷、信贷风险评估、供应链金融、股市行情预测、股价预测、智能投顾、骗保识别、风险定价等涉及银行、证券、保险、支付清算和互联网金融等多领域的具体业务中，得到广泛应用。涌现出一大批技术创新、业务突破的应用案例。总体来看，对于大数据的应用分析能力，正在成为金融机构未来发展的核心竞争要素。

六、网络身份认证体系

（一）定义与技术原理

网络身份认证体系是数字经济时代所有用户进行数字活动时涉及的各种可信身份认证技术的集合。在我国《规划》中，被明确列举的相关技术就有可信计算、安全多方计算、密码算法、生物识别和数字签名技术等。

网络身份认证是用户在数字世界进行活动、享受服务的前提。互联网的发展构建了一个与现实世界相互关联、并行发展的数字世界。现实世界中，我们使用身份证、驾驶证、学生证等证件证明自己的身份；在数字世界，我们有各种各样的虚拟用户身份，例如微信用户、微博博主、淘宝店主等。相比现实世界，数字世界的身份数量种类更加繁多，关系更加复杂。尤其要享受数字金融服务，涉及用户资金财产安全，还需遵守金融监管关于 KYC、反洗钱等合规规定，安全完善的网络身份认证方式成为这一切活动和服务的前提。

当前，网络身份认证体系的发展面临着多个方面的问题。

一是缺乏统一联通的身份认证体系，用户体验差。通常情况下，用户进入新系统首先就要进行身份认证，而每个应用系统都有一套独立的身份认证流程。用户要使用不同的应用，就需要在不同的应用系统上重复进行身份认证，操作过程非常烦琐，用户体验较差。此外，每个独立的应用系统都要开发身份验证、授权管理等模块，重复开发这些模块增加了企业的运营成本，浪费了社会资源。

二是信息安全保障不足，用户数据隐私泄露频发。不同机构的网络身份认证安全水准参差不齐，被盗号、被黑客攻击导致信息泄露，甚至资金被盗财产受损的事故频发。

三是数据权属界定不清，数据价值未充分发挥。用户数据的权属界定涉及法律、技术多方面问题，在现实执行中更受文化、惯例多重因素影响，对数据共享的规定也差异巨大，数据的拥有者、控制者和使用者对数据的权责利益关系复杂，一方面导致数据侵权问题不断，另一方面导致合法规范的运营数据，数据价值发挥受到制约。

（二）网络身份认证体系对金融领域的重要作用

世界各国均在探索数字时代的身份认证体系。2011 年，美国发布了《网络空间可信身份国家战略》（NSTIC），将可信身份和属性作为构建可信网络空间的基础和关键，计划用 10 年左右的时间，构建一个网络身份生态体系，推动个人和组织在网络上使用安全、高效、易用、可互操作的身份解决方案。同样在 2011 年，英国启动身份保障计划，旨在通过建设一站式通用身份服务，为公众访问政府网站提供安全、快捷的身份认证方式。按照数字身份的安全性、功能性和可用性等方面，将数字身份分为 5 个等级，政府根据所提供的服务确定所需的保障等级。中国工信部 2019 年发布的《关于促进网络安全产业发展的指导意见》也提出支持构建基于商用密码、指纹识别、人脸识别等技术的网络身份认证体系。

综合利用先进数字技术，构建安全便捷的网络身份认证体系，是数字金融服务发展的基础。完善的网络身份认证体系，需要综合应用多种技术来证明"你是你"。在用户验证环节，指纹、人脸、虹膜等生物识别技术近年快速进步普及，诸多金融机构已在手机 App、柜面、ATM 终端等用上了人脸识别。在信息交互环节，可信计算、安全多方计算、密码算法等，保障信息安全的同时促进信息交换共享，最大化数据价值的同时也可以便利用户跨系统使用，提升用户体验。

生物识别技术是重要的网络身份认证方式。与传统的身份鉴定方法相比，生物识别技术更具有不易遗忘、防伪性能好、不易伪造或被盗、随身"携带"和随时随地可用等优点。目前较为主流的识别技术包括人脸识别、指纹识别、虹膜识别、静脉识别、语音识别五类。从市场份额来看，指纹识别占比最高，但整体呈下降趋势，从 2007 年的 66.9% 降至 2013 年的 60.1%，预计到 2020 年将下降至 52% 左右；而人脸识别、语音识别、虹膜识别所占份额则不断上升，到 2020 年比重预计分别达到 22.4%、9.6%、6.4%。

融合多种模态生物特征的识别技术发展，未来刷脸支付等技术将广泛应用。目前，生物识别技术仍是多种模态生物特征各有特点相互并存，但是每种生物识别技术仍存在一些需要克服的技术难题，如指纹识别技术在处理出汗和比较湿的指纹时性能下降较大；人脸识别技术容易受到光照、姿态和距离等因素的影响；声纹识别技术存在跨设备、跨时间识别性能衰减的问题。解决上述技术瓶颈成为每种生物识别技术未来发展的关键所在。

与此同时，一方面，生物识别技术作为软硬件紧密结合的技术领域，也必然与传感器、算法、通信、系统工程等技术的发展息息相关。另一方面，生物识别技术作为最自然的身份认证方式，在其进一步发展过程中也正面临着相似的技术挑战，并且已逐渐形成多模态生物特征融合发展的技术趋势，其中主要包括海量用户精准检索、生成对抗与活体检测、基于 IOT 的用户感知与行为分析、新型传感器与超分辨率成像、生物特征 ID 隐私保护。随着生物识别技术的不断进步和传感器和物联网基础设施的不断建设和完善，以人脸识别为代表的生物认证方式能够在刷脸支付等金融场景和刷脸生活等民生场景得到更广泛的应用。

第二节　我国金融业对新技术的
部分创新应用实践

近十几年，我国金融业的数字化升级转型步伐较快，在移动支付、数字信贷等数字金融部分领域暂时居于全球领先水平。这些成绩背后，离不开行业内各主体对关键金融新技术的创新应用。

可以毫不夸张地说，近十几年我国的每一个金融创新的背后都离不开技术创新。这些创新包括金融产品或服务创新，金融业务流程改造或优化，金融商业模式创新等，均有利于金融供给侧提质增效，以及提高金融普惠性。

本节仅以大数据风控、智能化金融服务、数字支付安全能力构建三方面为例，来具体说明金融新技术在我国金融业的部分创新应用情况。需要说明的是，以下每一项新技术创新成果，均利用了前述六项关键技术中的数项，而不只是特定的某一种新技术。

一、新技术创新应用成果之一：大数据风控

（一）大数据风控的定义和应用领域

大数据风控，是指通过大数据核心算法建立的风险模型，其在收集各种维度数据基础上，结合互联网化评分和信用管理模型，提取出对评估风险有用的数据，再进行分析判断，最终达到风险控制

和风险提示的目的。

大数据风控是数字金融时代创新信用管理和风险管理方面的一种新思路。大数据时代的来临大大扩充了传统风控的数据纬度，利用多维度数据来识别借款人风险，包括社交、征信、消费、兴趣等。客户数据越多，信用风险就被揭示得越充分，信用评分就会更加客观。

表7—1 银行大数据来源及分类

数据来源	分类	内容
行内数据	行内现有客户信息、指标	基本信息、关联信息、联系信息、评级信息、人口信息、财务信息、信贷信息、产品信息、背景信息、线上线下渠道整合信息
	行内可用非结构化数据	视频信息、音频信息、各类渠道日志信息、log 数据信息
	营销产品数据	产品价值信息、特征信息、条件信息、资产类数据、银行卡信息、地区信息
行外数据	运营商数据信息	电话移动信息，如移动、联通、电信数据信息；电子设备定位信息
	银联数据和京东、阿里等电商数据	银联的 POS 交易数据、转账数据；唯品会、聚美等电商交易数据等
	公共事业、政府数据信息	水、电、气信息，物业缴纳信息，公安类数据，工商数据，法院数据，税务数据，司法数据
	互联网数据	媒体数据、安全事故、违规处罚、欠薪倒闭等负面舆情信息
	其他类数据	基站信息、Wi-Fi 定位、学历核查、乘机人基本信息、购票信息等

大数据风控中的数据维度可以作为传统风控数据的有效补充，也可以在特定条件下成为独立风控手段。大数据风控模型的应用场景非常广泛，只要能用上多维度数据的金融场景就少不了大数据风控的存在。从资金的角度来看，风控模型是为了评估客户还款能力和还款意愿，反欺诈反作弊，防止客户"薅羊毛"和保证平台安全等。从行业维度看，包括消费金融、供应链金融、信用借贷、P2P、大数据征信、第三方支付等各细分领域，都会用到大数据风控。

（二）大数据风控对信贷各环节的重要作用

在蚂蚁集团、腾讯金融以及我国大量金融机构中，大数据风控目前已得到较广泛的应用，并且在支付、信贷、理财、保险等多种金融业务中被使用。下面以大数据风控在数字化信贷过程中的作用为例，具体介绍大数据风控发挥作用的方式。

相较传统的线下风控方式，大数据风控彻底改变和升级了贷前、贷中、贷后的风险控制流程，可实现信贷风险控制闭环。大数据风控可用于获客、审批、贷中的维护，客户价值的提升、再利用、深挖，以及客户的挽留、催收和退出，让金融风控不再是单纯的放款、回款，而是可以完整地维护一个客户借贷的全周期。

1. 贷前风险管理阶段

贷前准入决策主要是通过收集、分析、加工和建立有效的风险模型，对申贷主体的信用风险状况、还款能力和还款意愿作出综合判断及评估，针对完成实名认证的会员，在确认账户为本人持有和使用的前提下进行准入授信决策。

准入政策：主要从账户安全、信用历史、客户身份、平台活跃度等综合风险评分等维度进行准入决策评估。

授信政策：对所有准入的个人客户根据客户身份信息及消费历史等个人信息进行偿债能力和偿债意愿的评级，并以此为依据给每名客户计算初始授信额度。同时系统会实时根据客户信息和行为的变化进行额度动态调整，针对额度需求较高的低风险客群进行额度提升，针对风险变高的客群进行额度调降。例如当用户按时还款，按时借还充电宝等，大数据监测则会帮助风控系统更好地刻画用户特征，获得提额的概率则会上升；而当用户采取某些高危行为如存在套现、刷分等违规行为，默认收货地址经常更换等，则会引起风控系统的关注，调低额度甚至关闭借款账户的概率将增加。

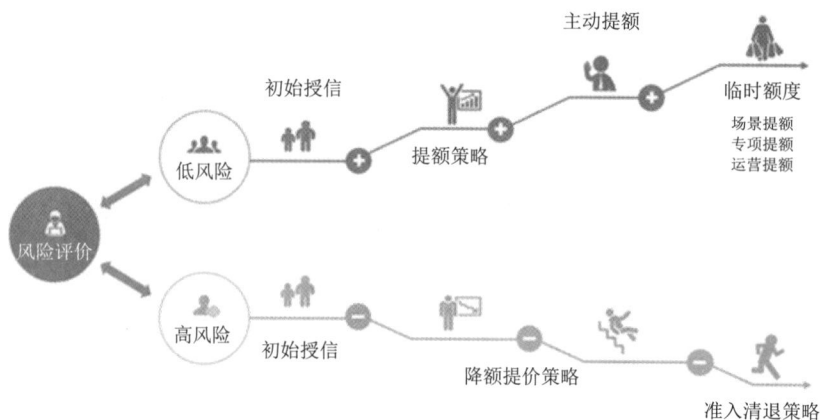

图7—1　大数据风控在贷前阶段的风险管理原理

2. 贷中风险监控阶段

贷中监控阶段自动对客户的信用风险变化趋势、冒用欺诈套现和多头借贷等风险特征进行识别，对还款能力和还款意愿进行跟踪及预测；对客户进行实时的交易级风险控制，对信用额度进行动态的管理。

交易级风险控制：是指基于内部风险防控体系，结合客户在线行为表现，对已签约的借款人进行监控，利用系统实时判断客户的疑似风险行为，对疑似发生风险交易的客户进行交易限制。如通过系统自动监测识别客户注册设备信息、位置信息及其交易地点等信息进行核对，判断客户是否有账户被盗冒用或欺诈。结合各种技术手段，建立各种风险预测模型，对发现的疑似不安全交易，通过系统干预的方式进行交易限制。

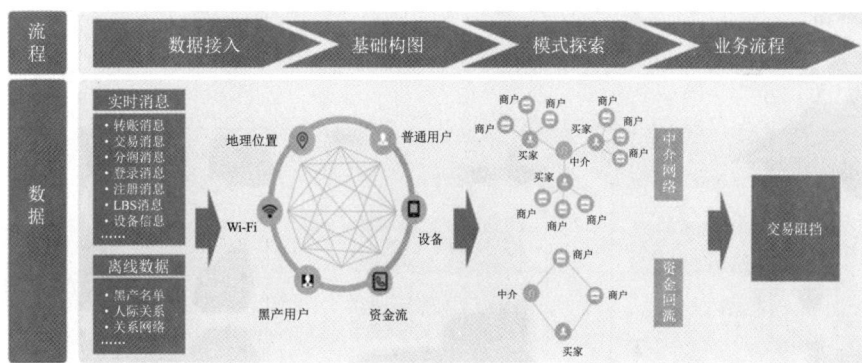

图7—2 风险预测模型示意图

3. 贷后预警催收阶段

贷后预警催收：贷后预警催收阶段对出险客户有针对性的预警、催收和资产保全。

在贷后预警环节不仅可以使用传统的五级资产分类，同时也可通过大数据行为风险模型实时评估客户的还款能力和还款意愿的风险。在整个贷款生命周期内，预警系统会始终跟踪借款人在平台上的违规行为以及各种网络负面行为，并通过行为模型评估客户当前的潜在价值、未来价值，生命周期所处的环节等。如果预警规则被触发，可以由人工跟进进行排查，逐步确认客户的风险，最终在保证正常客户合理健康使用贷款的前提下，最大程度地及时发现潜在风险点，控制信用风险。

贷后催收环节，针对逾期的客户，会利用贷款人的借款历史行为、信用等数据，对客户进行精准分层，动态产出处置决策，对不同类型的客户匹配不同的催收路径。

对于早期低风险客户使用智能自动化的 App 推送、语音、短信、E-mail 等方式温馨提示，促进回收的同时注重客户体验，对于提醒后未还款的客户再委托专业的第三方供应商进行催收。

图 7—3 贷后智能催收示意图

二、新技术创新应用成果之二：智能化金融服务

（一）智能化金融服务的重要作用

智能技术不仅仅指智能算法，更可用于金融服务的全流程升级。在普遍的理解中，人工智能就是一些算法，包括迁移学习、症状学

习、深度学习等。但是要把这些算法真正做到企业级、工业级甚至金融级，背后需要一整套的智能平台。好比冰山，浮在海面上的只是10%，但是冰山下还有很多事情要做，要做数据采集、模型服务、特征服务、仿真等。金融级的仿真要求非常严格，模型、训练、验证等一系列的环节都要考虑。从采集开始，到数据标注、资产、特征、模型、算法一系列的流程，最后到上线之前的 AB 测试，最终才能实现高效的 AI，提高金融服务的效率。

除了提高效率，智能化更重要的工作是做决策和洞察。回顾整个金融的大量场景，例如支付场景中的实时反盗用、反欺诈、反洗钱业务，信贷场景实时授信、准入、提现、风险识别、反套现业务，保险场景中的差异化的定价、定损、反保险的欺诈等，可以看到对于金融业务来说，最关键的一个技术能力是决策能力。所有相关事项，包括客户的信用，某次交易的风险，背后都是一次金融决策。智能化的另外一个能力就是洞察，比如对于货币管理基金类产品，需要关注流动性风险、美联储加息趋势、宏观经济的影响等。

（二）智能化金融服务在数字金融中的应用情况

基于洞察和决策能力，人工智能在金融领域具有广泛应用场景，包括智能营销、智能风控、智能运营、智能客服等。

1. 智能营销：自动精准触达客户，满足客户个性化需求

智能营销不是简单地给客户打标签，而是从智能标签构建到自动灵活应用的升级。

第一，通过智能标签实现对原始信息的深度挖掘。标签可分为原生标签和模型标签。原生标签，主要包含例如证件信息、账户信

息等原始信息，而模型标签则基于原生标签通过各种模型构建出新的行为统计、关系特征、通联特征、职业特征等，更进一步展示出客户的特性。要深度地理解客户，简单的原生标签是不够的，需要构建模型标签深度挖掘客户原生信息。

第二，真正实现智能营销，并实现数据的灵活应用。首先，数据要做到人人可用。许多金融机构的客户标签、营销数据应用都需要 IT 部门进行代码化的分析，大大限制了数据的可用性，实际应用门槛很高，更谈不上智能。好的智能营销可为非 IT 部门的业务人员、管理人员等都提供简单易用的数据支持，例如拖拽式、圈点式的筛选、图像化的展示等。其次，营销数据要能自动应用。借助人工智能模型的自学习能力，数据支持自动对客户进行触达和推介，而不需要大量的人工参与，做到真正的智能。

2. 智能风控：全流程、全维度覆盖潜在风险，提升金融核心能力

智能风控相比传统风控进行了以下提升：

第一，贷前风控更精细。通过建立大量授信决策规则，充分利用非传统的社交、购物、出行、位置等各种数据，针对不同场景、不同信贷生命周期的客户，通过授信决策规则的不同组合，形成差异化的授信准入、额度和定价策略。

第二，贷中监控更实时。自动对客户的信用风险变化趋势、冒用欺诈套现和多头借贷等风险特征进行识别、还款能力和还款意愿进行跟踪及预测。对客户进行实时交易级风险控制，还可以对客户的信用额度进行动态的管理。

第三，贷后管理更稳健。对资产进行分类，通过行为风险模型实时评估客户的还款能力和还款意愿的风险。如果预警规则被触发，人工会跟进进行排查，逐步确认客户的风险，最大程度地及时发现潜在风险点，控制信用风险。针对逾期的客户，会利用贷款人的借款历史行为等数据，对客户进行精准分层，动态产出处置决策，对不同类型的客户匹配不同的催收路径。

3. 智能运营：从操作流程到业务流程，实现根本性效率提升

智能运营分为操作流程的智能和业务流程的智能两个层面。

第一，操作流程方面，各种 AI 技术可以大幅提升操作效率。人脸识别用于客户登录、认证，VIP 客户识别；图像识别、文字识别（ORC）等用于证件、单据、票据识别和录入，在车险领域还可以用于快速定损；语音识别可以用于文字录入、客户应答；自然语义处理（NLP）甚至可以用于阅读理解各种文件、撰写报告等。诸多操作流程可以通过 AI 技术改善环节，大幅提升效率。

第二，AI 技术深入各个操作环节后，业务流程也需要重新梳理再造，实现智能化的高效运营。AI 技术应用于操作环节，一方面带来操作效率的提升，大幅地效率提升量变并带来质变，例如，OCR 证件识别录入成百上千倍地提高录入能力；另一方面直接改变了整条业务线上的关键环节，例如人脸识别取代了现场核身和签字确认。这些改变意味着从运营管理层面重新进行设计并匹配 AI 技术的操作模式，完成从管理视角到操作环节的完整智能运营。

4. 智能客服：未来金融机构服务客户的重要工具

智能客服的意义不是简单地替代人工客服节约成本。相比于人

工客服，智能客服具有很多方面的优势。

第一，效率高。无论语音和还是文字服务，智能客服回复和互动速度都更快，并且 7×24 小时，服务间断无休，为客户提供随时随地的服务响应。

第二，多功能。不仅仅是回复客户问题，智能客服还可以胜任需要人工客户不能兼顾的任务，比如检索海量产品进行精准推介、风险预判、客户流失预警等。

第三，进化能力强。智能客服可以累积数据，通过机器学习的方式不断累积和进化。虽然目前人工智能技术还在发展中，智能客服相比于人工客服确实还有不能实现的功能，但技术在快速进化，对人工客服的替代会越来越深，将成为金融机构服务客户非常重要的工具之一。

案例 蚂蚁集团开放智能客服 "小蚂答"

"小蚂答"是蚂蚁集团对外全面开放的以 AI 技术为核心的"新客服平台"，具有以下特点：

第一，基于 AI 技术，"小蚂答"具有猜测预判能力。"小蚂答"会根据服务诉求模型的判断，对每个用户的求助意愿和可能求助的问题进行实时计算。用户进入"小蚂答"时，它背后的算法就会根据用户的来源、身份特征，以及过去一段时间的行为轨迹和过往服务请求，计算他可能咨询的问题，在首页的"猜你想问"板块推荐出来。

第二，"小蚂答"大大提升客服效率。"小蚂答"完成 5 轮问答所需的时间大约为 1 秒钟，比人工客服的效率高出了 30～60 倍。此外，"小蚂答"还可以胜任许多人工客服无法完成的任务，比如自动判断风险，紧急情况下启动一键挂失、一键报案等功能，时刻保护用户的财产安全。

第三，"小蚂答"背后是全面 AI 能力的综合。要想对用户关键词或语音提问作出快速反应，需要调动智能知识库，以及 VOC、用户画像分析等数据决策，而这些要依靠话务系统、互联网全媒体对接、自然语言处理模型、舆情监控预警等底层能力做支撑。一问一答背后，是一整套综合系统在以无法想象的速度高速运转。

三、新技术创新应用成果之三：数字支付安全能力构建

安全与便捷，是金融业存在以来的永恒矛盾。中国近年全面进入移动支付时代，超过 8 亿人开始使用移动支付，用户对金融活动在"更便捷"情形下实现"更安全"，提出更高的要求。央行近年鼓励移动支付行业利用创新技术夯实安全基础，并出台一系列监管措施为移动支付的安全提供了政策保障；国家网信办积极采取网络净化措施，最大限度为移动支付提供安全的外部环境。

（一）在移动支付时代，金融安全面临的新挑战

1. 在实现更加便捷的支付体验的同时，如何确保居民金融活动更加安全

移动支付在便捷的同时也带来了一些新类型的风险，给支付安

全带来挑战。例如手机病毒窃取密码风险、智能手机丢失信息泄露风险、黑灰产利用个人利息精准诈骗风险等。

2. 电信网络诈骗、非法集资、传销、赌博等非法活动向移动支付工具大量渗透

电信网络诈骗案件多发态势尚未改变。多份调查报告显示，我国网民近年每年因为垃圾短信、诈骗信息、个人信息泄露等遭受的损失接近 1000 亿元，平均每个网民年损失在 130 元以上。

3. 非法互联网金融活动往往会钻相关机构信息不对称的空子，仅部分支付平台单点防范远不能适应形势

受暴利驱动，业内预估我国仅黑灰产诈骗从业人员就有 40 余万人，其诈骗资金流转通过大量个人和不法商户账户，通过中间银行、各类互联网支付工具进行来回切换并转移，利用各家银行、互联网支付平台的信息割裂躲避资金监控，钻金融机构、公安部门、金融监管部门短时间内难以有效联动的空子。因此，部分互联支付平台或银行的单点防范，可起到把"坏人"短暂赶离平台作用，但难以治本。

（二）新一代智能金融风控系统确保支付安全的实践

面对数字金融时代的新型金融安全风险，我国金融业锐意创新，利用新一代支付安全技术，开发了多种金融级的智能风控系统。以蚂蚁集团为代表的我国科技企业在支付安全技术方面目前达到全球先进水平。

下面以蚂蚁集团智能金融风控系统 AlphaRisk 为例，具体说明新一代支付安全技术的相关实践。

1. 用全球领先的智能风控技术实现"更便捷同时更安全"

AlphaRisk 是蚂蚁集团自主研发的、全球领先的智能金融风控系统，如今已升级至第五代，具有自动化、自学习、高准确率、高计算性能等特点。AlphaRisk 可以自动贴合用户行为特征进行实时风险对抗，确保用户账户安全和支付交易的万无一失。在中国实名账户体系建设、移动支付科技等基础上，AlphaRisk 近年将蚂蚁集团的资损率降低至千万分之一以内，远低于国际领先支付机构的千分之二。

在"更安全"的同时，蚂蚁集团在"更便捷"方面也得到数亿用户认可。AlphaRisk 目前已将对用户的干扰降到极低程度，以至于绝大多数未触发风险客户几乎从未感觉到 AlphaRisk 的存在。目前 AlphaRisk 拥有近 500 条量化策略、100 个风险模型，可在 0.1 秒时间内对每笔交易进行多个维度风险扫描，每天实时保护数亿笔交易安全进行。

2. 线上自动识别、预警、拦截非法金融行为；线下利用线索、科技能力与公安部门展开合作打击黑灰产犯罪

在线上，AlphaRisk 通过四个步骤识别、预警和拦截账户安全、网络诈骗、网络赌博、非法集资、营销作弊、信贷欺诈等非法金融风险。在风险分析阶段，通过多维数据采集和实时分析，主动挖掘和感知异动、黑产、舆情等外围风险，并快速定位异常数据、智能分析交易；在风险识别阶段，AI 算法驱动的风险智能识别引擎通过深度学习、迁移学习、增强学习等算法提高风险识别准确率和实时对抗性；在风险决策阶段，智能决策引擎为用户"一键推荐"个性化、千人千面的核身方案，达到金融级安全级别的人脸识别技术为

该阶段提供最终保障；在"模型进化"阶段，系统自学习能力可基于新风险特征完成风控引擎的自动进化。目前，AlphaRisk 风险预警准确率达 95.7%，能在风险爆发前 1 秒内完成系统的自动快速调整来应对风险攻击。

在线下，利用 AlphaRisk 产出相关线索，与公安部门配合打击非法金融和黑灰产犯罪团伙。AlphaRisk 通过对资金流转、社会信息、设备环境信息等各节点数据进行智能关联，结合交易人群智能画像分析，产出犯罪嫌疑人线索。

3. 向数百家金融机构、上千家互联网公司输出安全能力，共建行业生态防护屏障

近年，支付宝逐渐将核心风控技术通过安全服务产品 RiskGo 向商业生态伙伴开放，共同防范与应对非法金融活动。以互联网公司为例，只要向外开展业务，就会大概率遭遇欺诈、违禁、虚假交易、营销作弊、数据风险、黑产攻击等几道风险门槛。目前，已有超过 600 家银行等金融机构、1000 家以上互联网公司通过 RiskGo 获得多种类型的安全核心能力，包括身份真实性核验、营销安全保障、交易安全防护等。

第三节 我国金融业部署分布式 技术架构的探索

近几十年我国金融业获得长足发展，金融机构核心信息系统在技术上做到了安全、稳定和可靠，尤其是传统的包括集中式数据库在内的集中式技术架构起到了关键的支撑作用。然而，随着近十年来数字经济的深入发展，集中式数据库以及集中式架构已不再具有技术优势。

数字经济对金融服务提出了新要求，分布式数据库以及分布式架构成为新趋势。新要求主要体现在三个方面，一是数亿级别的海量用户全天需要实时、无间断的金融服务，尤其是大量中国银行的用户规模达到亿级、数千万级；二是便捷化、智能化、个性化成为用户对金融服务的基本要求；三是数字金融时代要求金融机构具有前所未有的开放性，需要聚合更多互联网机构、金融机构和各类数字服务提供商共同服务用户。

一、分布式架构是适配数字金融的新一代架构

新形势下，由传统 IT 供应商提供的基于集中式架构的金融信息系统，在先进性和开放性方面存在不足，急需向云计算分布式架构转型升级。

（一）分布式架构是弹性调整的计算资源，可应对业务峰值压力

云计算分布式根据实际业务流量，自动实现负载均衡分发，集群支持亿级并发连接，同时采用冗余设计，在单个服务节点出现故障时，服务不会发生中断，保证业务高可靠。弹性云服务器等产品能够根据伸缩策略动态扩展，轻松应对金融业务峰值，保障业务平稳运行。

（二）分布式架构具有同城、异地容灾能力，满足金融业务的可靠部署需求

云计算分布式通常在多地建设部署基础设施，实现业务的同城和异地容灾部署，满足在可靠性和监管方面的要求。利用高带宽和分布在金融发达地区的数据中心就近接入，满足业务的实时响应需求。

（三）专业的独享资源池，满足安全合规需求

分布式架构为租户隔离出专属物理资源池，用户可申请独占的物理设备、独享计算、存储和网络资源，满足金融合规需求。安全物理隔离的裸金属服务器可以为核心资源库、关键应用系统、高性能计算业务提供卓越的计算性能和数据安全，满足金融需求。

（四）完善的云安全服务体系，保护应用系统的数据安全

成熟的金融云服务商提供完善的安全服务体系，包括防 DDoS 设备为互联网应用提供精细化的抵御 DDoS 攻击能力；针对 HTTP 的请求进行异常检测，有效防止网页篡改、信息泄露、木马植入等恶意网络入侵行为；智能数据库安全防护服务，基于反向代理及机器学习机制，保障云上数据库的安全。

二、在云计算的关键技术上，我国已经取得部分重要突破

（一）操作系统方面，国内完全自主研发的云操作系统阿里云"飞天"达到世界领先水平

云操作系统，又称云计算操作系统、云计算中心操作系统，是以云计算、云存储技术作为支撑的操作系统，是云计算后台数据中心的整体管理运营系统，它是指构架于服务器、存储、网络等基础硬件资源和单机操作系统、中间件、数据库等基础软件之上的、管理海量的基础硬件、软件资源的云平台综合管理系统。

飞天（Apsara）是由阿里云自主研发、服务全球的超大规模通用计算操作系统。它可以将遍布全球的百万级服务器连成一台超级计算机，以在线公共服务的方式为社会提供计算能力。

飞天系统的核心竞争力在于：自主可控，对云计算底层技术体系具有把控力，自主研发并解决核心问题；调度能力强，实现对单集群1万台服务的任务式部署和监控；数据能力大，达到EB（10亿GB）级的大数据储存和分析能力；安全能力高，为中国35%的网站提供防御；有过大规模实践，经受"双十一"、12306春运购票等极限场景的挑战；具有开放生态，兼容大多数生态软件和硬件，比如CLoudfudry、Docker、Hadoop。

（二）分布式数据库方面，我国OceanBase性能打破世界纪录

人民银行印发的《金融科技（FinTech）发展规划（2019—2021年)》明确提出加强分布式数据库研发应用。要求有计划、分步骤地稳妥推动分布式数据库产品先行先试，形成可借鉴、能推广的典型

案例和解决方案，为分布式数据库在金融领域的全面应用探明路径。建立健全产学结合、校企协同的人才培养机制，持续加强分布式数据库领域底层和前沿技术研究，制定分布式数据库金融应用标准规范，从技术架构、安全防护、灾难恢复等方面明确管理要求，确保分布式数据库在金融领域稳妥应用。

分布式架构转型涉及数据库、中间件、操作系统等软件层转型，其中用分布式数据库代替集中式数据库尤为关键。在我国，金融业分布式数据库技术除少量试点外，尚未广泛推行。在全球范围内，该技术目前普遍处于研发和应用探索阶段。近年中国部分大型科技公司、大型银行和软件企业，在该技术上有不少研发突破。但大量金融机构出于金融行业高安全性、高稳定性以及数据强一致性等特征考虑，对已研发技术采取"未被大规模应用不敢试"的态度。

由于集中式数据库不能满足数字时代用户需求，2010 年起，支付宝开始自主研发分布式数据库 OceanBase。与传统商业银行有所区别，支付宝诞生于中国的数字经济大潮之中，天然面对亿级用户实时支付、理财等高并发、大流量的个性化、智能化金融需求。传统的集中式数据库在支付宝应用后很快便出现"水土不服"，由于当时全球并无成熟技术系统可以引进和借鉴，在场景和业务倒逼之下，支付宝集中大量技术人员开发了分布式数据库 OceanBase。

十年来 OceanBase 已在蚂蚁集团体系内支付宝、网商银行完成大型应用试验和实践，解决了"没有应用不敢试"的应用痛点。历经多年实践演进，分布式数据库 OceanBase 现已承担蚂蚁集团核心账务、交易、支付等关键系统 100% 的工作负载。经过多个极端金融场景比如"双十一"的实际业务检验，OceanBase 能够支撑 50 万笔/秒的订单创建峰值和 25.6 万笔/秒的支付交易峰值，数据库操作峰值超过每秒 6000 万次，相关指标已处于世界前列。此外，OceanBase 已成功用于浙江网商银行的全部核心业务系统，验证了银行业务处理环境下的适用性和支撑能力。

OceanBase 安全水平达到金融级，具有完全自主可控的知识产权，在全球范围具有技术领先性。其从第一行代码开始完全自主开发，迄今已取得超过 40 项技术专利。

OceanBase 性能打破世界纪录，代表国内分布式数据库水平走向全球领先。2019 年 10 月 2 日，据权威机构国际事务处理性能委员会（Transaction Processing Performance Council，TPC）官网披露，中国蚂蚁集团自主研发的金融级分布式关系数据库 OceanBase，在被誉为"数据库领域世界杯"的 TPC-C 基准测试中，打破了由美国公司 Oracle（甲骨文）保持了 9 年之久的世界纪录，成为首个登顶该榜单的中国数据库产品。

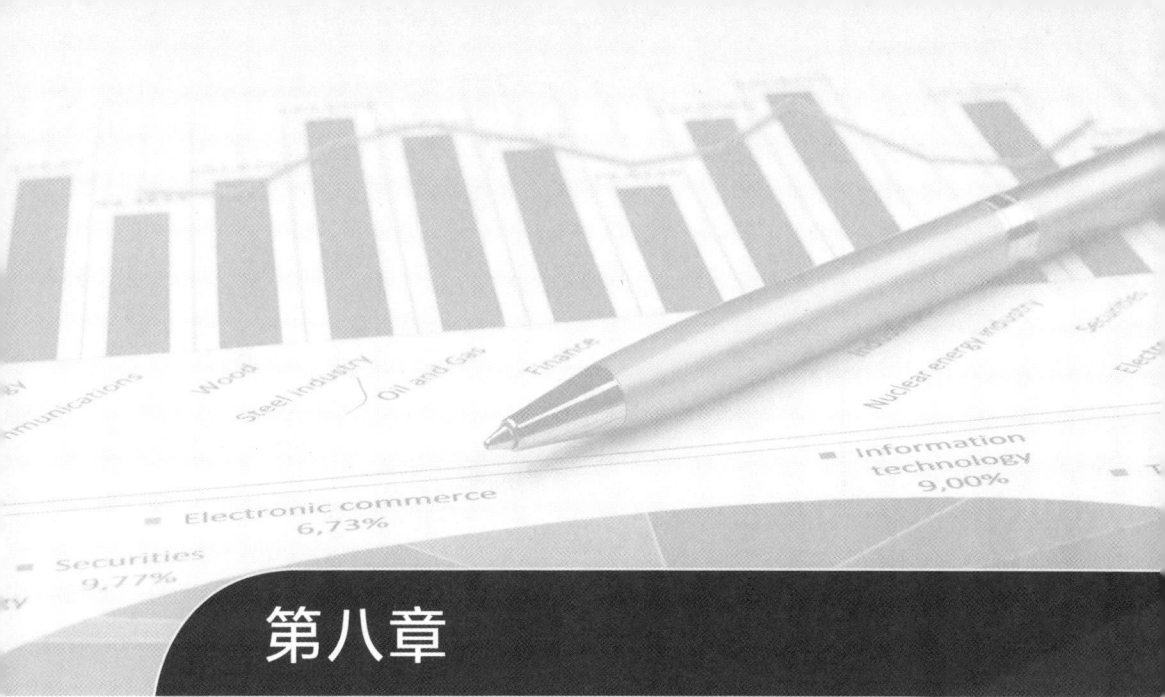

第八章

监管科技的发展与实践

顾名思义，监管科技是行政监管与科技的结合，在各个行政监管领域普遍运用，包括海关监管、食品药品监管、土地监管等。近年，监管科技 RegTech（Regulatory Technology）更多指的是金融领域的监管科技，是在金融与科技更加紧密结合的背景下，提供以数据为核心驱动，以云计算、人工智能、区块链等新技术为依托，以更高效的合规和更有效的监管为价值导向的解决方案。

根据使用主体不同，监管科技有合规端和监管端两大分支，即市场机构使用创新技术更高效地满足合规要求的 CompTech（Compliance Technology）和监管机构利用创新技术支持监管的 SupTech（Supervisory Technology）。随着全球金融危机后强监管时代来临，合规端的 CompTech 首先兴起，全球科技公司在此领域提供了丰富的解决方案。随着金融科技的发展，监管机构也开始使用新技术武装监管流程，不断提高监管能力，发展出了监管端的 SupTech。

第一节　全球范围 CompTech 的应用与实践

2008 年全球金融危机以来，金融监管不断升级，各类处罚不断加码，全球金融机构的合规成本节节攀升。作为企业服务的重要组成部分，合规服务受到前所未有的重视。

CompTech 的基本路径是，机构端（被监管的企业）与监管端以数字化的方式互相联通，在两方面革新合规业务的模式：一方面，机构端可以从监管端获取数字化的监管要求，对内部规章进行相应调整，时刻确保业务合规；另一方面，机构端能够随时向监管端传输必要的数据，快速形成各类合规报告，减少人工干预并提高报送的准确度。

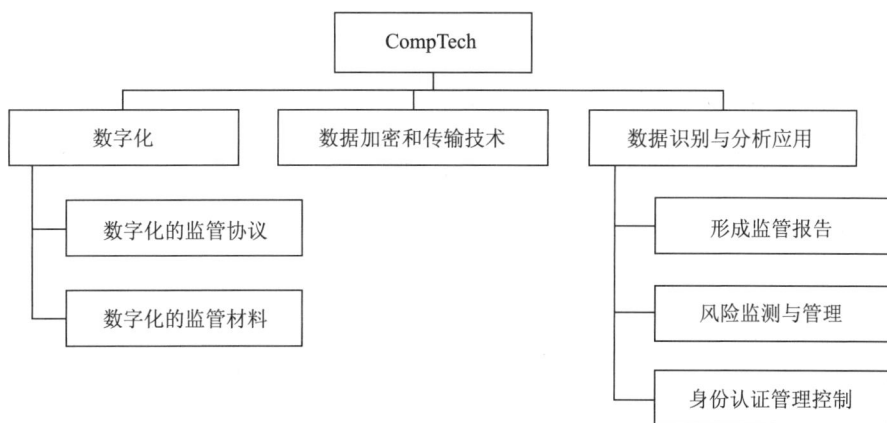

图 8—1　CompTech 应用领域分类

目前 CompTech 的应用领域主要包括数字化、数据识别与分析以及数据加密和传输三大方向。

一、数字化领域的应用

CompTech 在数字化领域的应用包括监管协议的数字化和监管材料的数字化。

（一）监管协议的数字化

随着市场环境愈加复杂多变，监管规则不断更新完善，金融机构被监管的压力持续增长，合规成本激增，商业风险增加，对创新也造成一定阻碍。CompTech 能够对监管规则进行数字化解读，整合到各类机构的各项业务中，并随监管规则变化时刻更新，从而使受监管机构更及时、充分地理解监管规则，有效提升合规效率、降低合规成本。例如，瑞士的监管科技公司 Apiax 为客户提供经过智能解读的监管规则，将复杂的法规转换为数字化的规则并助力企业以数字化的方式进行管理。Apiax 已为跨境金融、智能投顾、税务和数据保护行业的企业提供了合规服务。美国的监管科技公司 Compliance. ai 能够实时检索、收集、研究和跟踪金融监管信息，以数字化的方式对其进行统计分析。

（二）监管材料的数字化

CompTech 的另一个应用是将所有与监管相关的资料进行数字化处理并以数字格式存储，格式可以涵盖数据、文档、图像、音视频等。例如，卢森堡的监管科技公司 AssetLogic，建立了记录投资数据和相关文档的在线中央存储库，使所有的数据文档可审核、可追踪，且避免不同主体访问时看到的数据存在差异。美国监管科技公司 Verint Verba 允许企业自定义语音、视频、文档等数据的处理规则，自动进行数据管理并控制其记录和销毁。

二、数据识别与分析领域的应用

CompTech 在数据识别与分析领域的应用包括监管报告的生成、风险管理、身份认证管理和交易监控。

（一）形成监管报告

CompTech 可以使用大数据分析、即时报告、云计算等技术识别和分析数据，实现数据自动分发和监管报告自动生成。例如，英国监管科技公司 NEX Regulatory Reporting 能够实现对海量数据的连续处理，帮助欧洲的银行、经纪公司、对冲基金和资产管理公司等机构，按照监管要求灵活地形成跨部门、跨资产类别的监管报告。

（二）风险监测与管理

CompTech 可以检测合规性并预测未来的风险。例如，美国 Aravo 的服务对象包括谷歌、Adobe 等，其能够主动监控和管理复杂的第三方网络（包括供应商，分销商，特许经营商和合作伙伴）的风险，自动化和简化第三方管理工作流程，消除孤岛并为企业提供集中的"真相"。

CompTech 的应用还包括实时交易监控和审查。美国 Feedzai 致力于通过大数据、机器学习、人工智能来监控交易并识别欺诈，服务于银行、收购方和商业公司，提升用户体验。

（三）身份认证管理控制（KYC）

"了解你的客户"（KYC）对金融机构是至关重要的业务环节，而人工 KYC 认证程序耗时长、成本高，且准确性难以保证。CompTech 能够帮助客户完成 KYC 程序，进行反洗钱、反欺诈的预防、筛查和监测，有效提高审核效率、降低合规成本。例如，英国公司 Onfido 的身份认证产品包括 ID 记录检查、文件材料检查、面部识别。ID 记录检查能够将客户的详细信息与一些全球数据库和信用机构的信息进行匹配；文件材料检查能够确保客户的资料不是伪造、篡改、丢失或被盗的；面部识别能够降低冒充欺诈的风险，通过将用户身份证件照与自拍照进行比对，确保用户是本人。

三、数据加密和传输领域的应用

CompTech 在数据加密和传输中的应用主要基于区块链和云计算等技术，能够确保数据的安全性、完整性、有效性，防止数据被篡改。例如，德国监管科技公司 Drooms 开发了一个可视化的数据室，能够设定不同的访问权限，自动化分析大量文档以及自动过滤信息，还能为企业提供安全服务器抵御黑客入侵。美国监管科技公司 Dome9 构建了一个新型平台，通过"高级身份和访问管理保护系统"有效防止数据被篡改，在公共云环境中提供全面的安全性、合规性检查和管理方案。

第二节 全球范围 SupTech 的应用与实践

综合巴塞尔委员会、国际清算银行等国际组织的定义，SupTech 主要指金融监管机构对支持监管的创新技术的应用。供给两方面的因素推动了 SupTech 的兴起。全球金融危机，加上数字化技术推动行业快速变革，凸显了加强金融监管的重要性，是 SupTech 需求端的推动因素。技术创新以及数据可用性的提高，为加强金融监管创造了空间，是 SupTech 供给端的推动因素。SupTech 目前仍处于起步阶段，但在全球已受到普遍关注和高度重视。

SupTech 有助于信息上报和监管流程的数字化，来实现提效降本、促进监管能力建设，帮助监管机构向数据驱动转型。具体来说，SupTech 能够改进传统的手动流程，提高监控的时效性；通过将涉及多方协调的流程自动化来降低成本；SupTech 还能够实现人工无法完成的工作，例如大规模的数据分析、结构化和非结构化数据的整合等。对监管机构而言，SupTech 可以直接降低监管成本，提高风险管理效率。对被监管机构而言，可以采用更灵活的数据格式，提高其数据报告的效率和准确性，降低报告成本。

从应用领域上看，SupTech 可分为数据收集与数据分析两大类。前者使用的技术包括 API 应用编程接口、数据推送和提取、机器解读法规、云计算、聊天机器人等；后者使用的技术包括大数据、人工智能、自然语言处理、话题建模、随机森林、图像识别、神经网络等。其中，大数据和人工智能（AI）技术是当前 SupTech 使用的核心技术。目前 SupTech 的应用主要集中在不当行为分析、报告生成和数据管理方面。

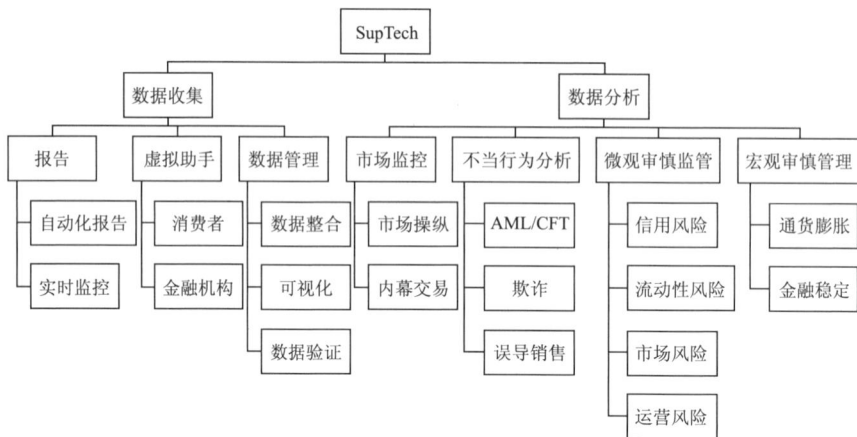

```
                        SupTech
          ┌────────────────┴────────────────────────┐
       数据收集                                   数据分析
   ┌──────┬──────┐              ┌────────┬──────────┬──────────┐
  报告   虚拟助手  数据管理     市场监控  不当行为分析  微观审慎监管  宏观审慎管理
   │      │       │             │        │          │          │
自动化报告  消费者   数据整合      市场操纵   AML/CFT    信用风险     通货膨胀
   │      │       │             │        │          │          │
实时监控  金融机构   可视化       内幕交易    欺诈      流动性风险    金融稳定
                   │                      │          │
                数据验证                 误导销售     市场风险
                                                    │
                                                  运营风险
```

图 8—2　SupTech 应用领域分类

一、数据收集领域的应用

SupTech 在数据收集方面的应用主要集中在自动化报告和实时监督、数据管理以及虚拟助手领域。

（一）自动化报告和实时监控

SupTech 在数据报告领域提供的解决方案包括数据的自动化报告和实时监控。

1. 数据的自动化报告

数据自动化报告利用大数据技术实现对受监管实体的数据收集自动化，具体方案可分为数据推送法和数据提取法。奥地利央行的

Aurep 就是利用数据推送法的一个例子。Aurep 是 OeNB 与奥地利七家最大的银行集团共同开发的一个连接监管机构与被监管机构 IT 系统的报告平台。各家银行将数据"推送"到 Aurep 的基础数据库中，用标准化的转换规则将数据转换后再"推送"给奥地利央行。目前，奥地利央行几乎所有的统计和金融稳定报告以及一些其他监管报告都使用该平台生成，有助于实现规模经济和优化金融行业的风险分担。希腊银行也正在探索类似的方案。卢旺达央行是最早使用数据提取法的监管机构之一，该技术允许卢旺达央行直接从被监管机构的 IT 系统中提取数据，以自动生成报告。菲律宾央行也正在开发一种基于 API 的数据提取法原型，以直接从银行提取监管报告，这样做的目的是菲律宾银行将不再需要向菲律宾央行提交模板化的报告，相反，数据提取法将实现更好、更及时的分析和更灵活的报告格式。

2. 实时监控

实时监控利用了 API、网络抓取、聊天机器人、文本挖掘等技术来实时地提取数据流。例如，澳大利亚证券投资委员会（ASIC）的市场分析和智能（MAI）系统允许实时监控澳大利亚一级和二级资本市场（ASX 和 CHI-X）。MAI 系统接收来自所有股票和股票衍生品的产品和实时交易数据。MAI 系统提供实时警报，识别市场中的异常情况，这些实时警报还可以与日常操作和员工工作流程相集成。

（二）数据管理

数据管理是数据收集流程不可或缺的一部分。SupTech 在数据管理领域提供的解决方案包括数据验证、数据整合、数据可视化和云计算等。

1. 数据验证

数据验证是指根据报告规则对数据进行质量控制检查，包括数据接收检查、数据完整性检查、数据正确性和合理性检查以及一致性检查。数据质量的重要性再怎么强调都不为过，好的模型无法克服坏的数据，数据质量比数据数量更为重要。SupTech 可以替代费时且易错的手动抽查和不适宜处理大数据的电子表格。这一领域的方案大多将机器人流程自动化和机器学习算法相结合，通过机器学习自动标记异常情况，提高数据质量。奥地利央行已应用机器学习和深度学习算法预测数据集存在错误的可能，并开发了用于纠正数据的知识图谱。新加坡金融管理局使用的数据验证技术包括数据清理和数据质量检查，能够显著提高效率。

2. 数据整合

SupTech 应用能够组合多个数据源以支持分析工作。这通常涉及连接结构化数据和非结构化数据。意大利央行就是一个很好的例子，它将可疑交易报告（结构化数据）与新闻评论（非结构化数据）结合起来，用于反洗钱（AML）监测。卢旺达央行将收集的监管数据与内部系统生成的数据结合起来，为监管者和政策制定者提供参考信息。

3. 数据可视化

数据并不等于信息，考虑到数据的数量、密集度和复杂性，需要强大的可视化工具以易于理解的方式来展示信息。新加坡金融管理局使用交互式仪表盘和网络图来进行数据可视化，为监管人员提供受监管机构健康状况的概览，还可以轻松比较不同机构之间的绩

效，提示异常值和指标的重大变化，并且能够进行有关风险的深入
分析。

4. 云计算

云计算有助于实现更大规模且更灵活的数据存储，具备更高的
移动能力和计算能力。自动伸缩的云设施可以灵活处理市场数据的
峰值。英国金融行为管理局、墨西哥国家银行和证券委员会、挪威
银行、新加坡金融管理局、美国证券交易委员会等都拥有用于收集、
存储和处理市场数据的云解决方案。

（三）虚拟助手

虚拟助手领域的应用包括聊天机器人和法规的机器解读。

1. 聊天机器人

一类是监管机构面向消费者的聊天机器人，可以自动回答和简
单处理消费者的投诉。菲律宾央行在开发一个回答消费者投诉的聊
天机器人，能够对问题进行分类，回答简单的问题，并将相关投诉
反映至金融机构。菲律宾央行通过聊天机器人处理消费者投诉的过
程中，使监管人员更好地了解金融机构的市场行为。意大利央行和
美国证券交易委员会也在试验从消费者和投资者的投诉数据中提取
急需关注的问题。另一类是监管机构面向被监管机构的聊天机器人。
英国金融行为监管局正在进行概念验证，实现与被监管机构的互动，
回答简单的日常问题。聊天机器人可以帮助被监管机构更好地了解
法律法规和特定的要求。

2. 法规的机器解读

即通过自然语言处理技术将监管文本转换为机器可读的格式，

从而便于被监管机构的理解和执行，这有助于缩小监管本身意图和实际理解之间的差距。机器解读法规还可以帮助监管机构有效评估监管规则变化带来的影响，寻求市场反馈，并降低监管复杂性。法规的机器解读与监管协议的数字化非常相似，只是前者由监管机构主导，后者由被监管机构主导或应用。

二、数据分析领域的应用

在数据分析领域的四个关键应用方向是市场监管、不当行为分析、微观审慎监管和宏观审慎监管。市场监管侧重于识别可疑交易，如市场操纵和内幕交易。不当行为分析侧重于反洗钱、反恐怖主义融资、监测欺诈和不当销售。在微观金融监管中，可以应用于信用风险评估和流动性风险监测等。宏观审慎管理的重要应用领域是识别宏观金融风险，包括识别金融体系的风险信号和进行政策评估。

（一）市场监管

SupTech 应用可以基于大数据，使用机器学习和人工智能提取人类难以识别的数据模式、监测内幕交易和市场操纵等可疑行为。例如，美国证券交易委员会使用回溯算法识别投资顾问监管文件中的可疑语言。英国金融行为管理局使用监督学习分析市场操纵的信号。澳大利亚证券投资委员会使用其 MAI 平台进行历史审查，提供度量内幕交易活动规模的量化指标。

（二）不当行为分析

不当行为分析领域的应用包括反洗钱和反恐怖主义融资、诈骗等违规行为监测等。机器学习是其中一个广泛使用的技术。

1. 反洗钱和反恐怖主义融资

许多SupTech应用集中于监测反洗钱（AML）和反恐怖主义融资（CFT），可以监测到人类不易察觉的异常交易和可疑的关系、网络。这类应用通常建立在对市场参与者或事件进行网络分析的基础上。例如，新加坡金管局开发了一种事件影响分析工具，从新闻网站提取数据，并使用自然语言处理和机器学习分析可疑交易，以发现可能存在的洗钱网络，大大提高了识别效率。意大利央行的金融情报部门将结构化的大额交易数据和非结构化数据（如新闻评论）相结合，利用大数据进行AML实时监测。英国金融行为管理局在尝试部署图像学习的应用，识别市场参与者的网络关系和潜在的共谋行为。

2. 监测甚至预测诈骗等违规行为

新加坡金管局和捷克国家银行使用事件影响分析工具检查初始代币发行（ICO）是否向境内居民销售。英国金融行为管理局使用监督学习和随机森林预测金融产品销售可能存在的错误，并使用视觉分析识别误导性广告。

（三）微观审慎监管

微观审慎监管主要是利用机器学习来降低各类微观风险，例如流动性风险和信用风险。

1. 流动性风险监测

神经网络可以用来监测流动性风险。挪威央行正在研究一种用于监测来自银行间结算系统数据异常情况的神经网络，可识别银行的流动性问题，预测其运行情况。美联储正在尝试使用自然语言处理从大量文本中识别和提取主体信息，以进行微观审慎监管。意大利央行也在探索使用深度神经网络来监测涉及支付系统参与者的潜在流动性问题。

2. 信用风险监测

意大利央行通过整合不同的数据来源（例如，中央信用登记册、非金融企业的资产负债数据表以及其他公司级数据），并使用机器学习来预测贷款违约的可能性。俄罗斯联邦中央银行开发了信用风险内部评级监督软件，用来检查银行用于计算资本充足率的模型的准确性和稳健性。

（四）宏观审慎管理

宏观审慎管理复杂，SupTech 的应用尚不多见，但在某些维度，机器学习、自然语言处理等技术已经表现出较大潜力和价值。

意大利央行研究人员发现，对房地产在线门户网站的数据进行机器学习，可以用网上对某一特定区域的兴趣来预测该区域的房价。另一份意大利央行的研究探索了使用自然语言处理技术来测度情绪，并将情绪与存款变动、银行间问题关联在一起，研究发现，Twitter 文案所表达的情绪与零售存款增长率显著相关，同一条 Twitter 中两家银行同时出现的概率是衡量银行之间相关性的重要指标。挪威央行的研究人员使用支付系统和其他金融市场基础设施的日度数据构建网络指标、运营指标和流动性指标，识别其周期模式，然后通过将预测值与实际观测值进行比较来预测风险（强烈的偏差可能是风险增加的标志）。

第三节　我国监管科技的探索与实践

我国的监管科技发展与国外在趋势上是一致的，随着金融复杂度的提高和金融监管力度的加大，我国监管机构和金融机构也越来越注重监管科技的发展和应用。

与此同时，我国监管科技在发展结构上和发展顺序上与国外存在着较为显著的区别：国外的监管科技首先起源于金融机构，主要服务于合规目的，以提高合规效率、降低合规成本，即 CompTech 先于 SupTech 发展，前者的需求量也大于后者；国内由于金融监管的包容性，金融机构对于监管科技的发展需求不强，但我国金融市场规模大、发展速度快，加之我国一体多元的中央与地方格局，金融监管体制相对不完善，跨行业、跨市场交叉性金融风险突出，监管机构利用监管科技实现监管升级的动力较强，因此呈现 SupTech 先于 CompTech 发展的态势。

一、我国监管科技取得积极成绩

虽然我国监管科技相比欧美国家起步较晚，差距仍比较明显，尚没有中国监管科技企业跻身于全球监管科技领域主要公司名单，但我国目前发展监管科技的积极性非常高，应用需求空间非常广阔。政策层面，国家给予了监管科技发展大力支持，国务院常务会议多次强调，要推进"互联网＋监管"，利用大数据等技术对失信行为早发现、早提醒、早处置，提高监管及时性、精准性、有效性。实践层面，从中央到地方，我国金融管理机构已经把发展监管科技作为丰富监管手段、提升履职能力的必备选项。

（一）中央金融管理机构

2017 年 5 月，人民银行成立金融科技委员会，提出要强化监管科技应用实践，积极利用大数据、人工智能、云计算等技术丰富金融监管手段，提升跨行业、跨市场交叉性金融风险的甄别、防范和化解能力。《中国金融业信息技术"十三五"发展规划》和《金融科技（FinTech）发展规划（2019—2021 年）》更是提出了多项具体目标，包括研发基于云计算、应用程序编程接口（API）、分布式账本技术（DLT）、密码技术等的金融监管平台和工具，建立健全数字化监管规则库，运用大数据、人工智能等技术建立金融风控模型，借助人工智能技术推进机器人安全值守应用，通过统计信息标准化、数据挖掘算法嵌入、数据多维提取、核心指标可视化呈现等手段助力金融业综合统计体系建设等。事实上，人民银行自 2017 年 3 月提出"数字央行"建设目标以来就一直在通过发展监管科技武装自己。比如，2019 年上线了反洗钱二代系统，该系统采用分布式架构，综合运用大数据、云计算、人工智能、可视化分析等新技术，对数据采集、数据分析、数据挖掘进行智能化再造，全面涵盖反洗钱监测业务全流程和反洗钱监测模型各模块，是央行反洗钱的基础性工程。

银保监会通过信息系统逐步实现监管统计、实时管控的自动化和智能化，极大提升监管效能，通过大数据和云计算以及智能算法实现事前预判和精准监控，杜绝系统性风险发生。2017 年 7 月，银保监会检查分析系统（EAST3.0）在全国范围内正式上线运行。EAST3.0 不仅拓展了 EAST 系统应用的广度和深度，同时有效提高了监管效能和银行对数据的治理能力，从根本上解决了不同银行间数据质量、标准不一致所带来的难监管、难监测的问题。

2018 年 8 月，证监会印发了《监管科技总体建设方案》，要求在加强电子化、网络化监管的基础上，通过大数据、云计算、人工智能等科技手段，为证监部门（包括各类基础设施及中央监管信息平台）提供全面、精准的数据和分析服务，这标志着证监会完成了监管科技建设工作的顶层设计，并进入了全面实施阶段。证监系统的一线监管机构上海证券交易所和深圳证券交易所均正在逐步完善智能监管辅助系统——"企业画像"系统。该系统运用了文本挖掘、云计算等信息技术，可以自动抽取、集中展示、智能提示不同的监管高频关注信息，有效帮助一线监管人员提升违法违规线索发现能力，提前防范和化解风险。以在重组审查中的应用为例，"企业画像"系统在高度非结构化、上百页的重组方案中自动抽取关键信息并运算，自动提示交易标的、交易对手方、交易方案设计的异常情况和潜在风险点，识别交易方案的主要关注点，在重组问询函题库中挖掘查找类似重组案例，并将相关监管问询范例智能推送给监管人员，为监管人员的决策执行提供更有利参考。

（二）地方金融管理机构

地方政府承担着风险处置的属地责任，如能及时监测、预警到相关金融风险，就可以"打早打小"，将风险消灭在萌芽状态，降低风险处置的难度，节约社会成本，有效保障消费者权益。近年来，地方金融监管局积极探索引入大数据、人工智能等新型监管手段和工具，构建智能监管科技系统，对各种金融风险进行识别和监测预警。比如，北京市金融监管局推出了打击非法集资监测预警平台——"冒烟指数"，"冒烟指数"从多个渠道收集大量的多维、半结构化活性数据，运用知识图谱、智能搜索和查询技术，对网络平台进行综合数据画像，从合规性、特征词命中、传播率、收益率偏离和投诉举报五个维度，对平台进行打分。上海金融监管局推出了"上海市新型金融业态监测分析平台"，该平台通过行业监测、园区监测、企业全息信息查询及实时监测四个子平台，实现对机构、人员、业务、风险的信息监控全覆盖。深圳市金融监管局创设了"海豚指数"，动态监测预警高危风险企业，提升主动发现、提前预警金融风险的能力，实现分级预警、分类处置企业风险。

各地建设的用于金融风险监测预警的智能监管科技系统虽各有特色，但核心思路是相似的，利用科技力量提升两方面的基础能力：一是基于大数据技术的全网风险扫描能力，二是基于人工智能技术的穿透式风险分析能力。首先，金融风险监测预警平台克服传统风控手段仅仅依赖结构化、静态化数据的不足，从全网渠道采集类金融机构相关的海量非结构化数据，建立数据鲜活、广谱多维的风险监测体系。企业数据不仅包括工商注册、法院判决、生产经营、债务担保、上市公示等结构化数据，还包括产品动态、全网舆情信息、企业知识图谱、黑产网络数据等多维度的非结构化数据。其次，金融风险监测预警平台将不同数据源聚合为结构化、动态化的知识图谱，从而挖掘识别早期、小规模的非法金融活动，甚至还能挖掘出关联机构间的潜在风险，做到"抓住一家，揪出一片"。例如，从企业网站、App、招聘启事等渠道精准挖掘企业实际经营业务和活跃地，识别异地经营和超范围经营问题；从理财广告中分析出平台收益率和违规宣传痕迹；通过股权关系、活跃地、资金往来、历史变更等，识别明显或隐蔽的企业关系链；从垂直论坛发言中识别正负面舆情，并进行真伪判断。

通过监管科技的应用，地方金融管理机构为类金融机构和经营活动建立有效的行为监管机制，与传统金融监管形成合力，从源头上规范民间借贷，防范非法集资、金融诈骗，坚决守住不发生区域性风险、群体性事件的底线。

二、我国监管科技的未来发展趋势

（一）随着政务数据的进一步融合与开放，监管科技进一步发展的大数据基础将得到夯实

基于大数据的智能化分析是监管科技的重要应用领域，而数据孤岛问题已成为抑制我国大数据价值发挥和监管科技发展的重要障碍。我国各级政府部门手中掌握着大量数据，但在各层级、各地区、各领域之间仍存在着数据分割的现象，与此同时，政务数据开放程度和质量也仍然不够。随着《政务信息资源共享管理暂行办法》《促进大数据发展行动纲要》等重要指导性文件的发布，我国在政务数据融合和开放方面已经取得长足进步，但仍有很大的提升空间。建议整合地方立法经验，推动制定专门的政府数据开放法规，形成

目标明确、规则清晰、可操作的制度规范。第一，在开放范围上，秉持"以开放为原则，不开放为例外"的基本原则，将开放公共数据明确定位为一项公共服务；第二，在开放方式上，公共数据应以便于数据利用的机器可读形式开放；第三，在数据质量上，建立覆盖数据全生命周期的技术标准和操作流程，提升公共数据的准确性、完整性和可用性；第四，建立统一的政府数据开放平台，并为社会公众提供便利的数据检索和下载服务。政务数据作为公共资源，加强整合和对外开放，不仅会对整个数字经济的创新发展带来巨大的提升作用，也将有效促进 SupTech 和 CompTech 的蓬勃发展。

（二）随着技术成熟度的提高和实践的检验，监管科技的人工干预比例将逐步减少

目前，监管科技的产品、技术尚不完全成熟。有些 CopmTech 产品只能解决一小部分的合规要求，不断变化的监管政策又给 Copmtech 应用增加了挑战。金融监管架构、金融监管政策随着金融形势、社会环境等不断变化，CompTech 应用也需要随之动态调整。SupTech 虽然在缓解监管机构的监管压力、提升监管效率、提高监管能力方面展现出了巨大的潜力，但目前仍只能作为人工监管的辅助手段。由于监管科技属于新兴事物，人工智能的有效性尚未经过充分检验，技术本身是否会带来新的风险尚不可知，所以，目前在进行深入研判和监管方案制定时，仍以监管者为主，监管科技只是为监管者的分析判断提供依据和技术支撑。我国人工智能、云计算、区块链等新兴技术发展势头良好，创新活跃，而且我国作为数字经济大国，又为人工智能等有效性的检验提供了丰富的试验环境。可以预见，监管科技相关技术和产品的成熟度会快速提高，部分场景中 SupTech 的决策有效性将逼近甚至超过人工决策，CompTech 也将更智能地学习和适应外部监管政策的调整，因此，监管科技将在越来越多的场景中成为主角，而不再仅仅是辅助者角色。

（三）　未来监管科技的应用领域将向全链路拓展

目前监管科技较多应用于监管事中阶段，即数据的自动化采集和风险的智能化分析，不过应用场景向全链路拓展已经成为全球趋势。很多国家已经在不断加强监管科技在监管事前、事后阶段的运用。事后阶段，可以将智能化分析结果用于合规情况的可视化展示、风险信息共享、监管模型优化甚至自动化的风险处置等。例如，美国金融业监管局通过"市场质量报告卡"审查和分析成员机构交易报告、公司报价和卖空等业务的合规性。事前阶段，可以将监管政策与合规要求"翻译"为数字化监管协议并搭建监管平台以提供相关服务，例如，英国金融行为监管局正在探索利用自然语言处理和人工智能技术对欧盟金融工具市场指令进行法规解释，我国央行在《金融科技（FinTech）发展规划（2019—2021 年)》中也已经提出，要建立健全数字化监管规则库。利用自然语言处理技术，让机器学习纷繁复杂的法律、法规、监管政策体系，进行汇总、关联、比对和自动分析，进而构建智能化的监管规则体系，智能化的监管规则体系将搭建起 SupTech 和 CompTech 之间的桥梁，有效提高规则理解的一致性，提高监管的有效性，降低金融机构的合规成本。

第九章

金融科技的部分跨界发展

金融新技术创新为金融业带来的变化并非是线性发展的，而是遵循摩尔定律呈现几何级的影响。从金融史角度看，金融业一直通过吸收先进科技不断增强服务实体经济能力。在数字经济时代，金融业必将继续吸收新的关键技术，进化服务能力。

值得关注的是，金融科技的创新发展不仅对金融业作用巨大，其还具有外溢性，可以普惠到相关行业。例如，移动支付技术的成熟在一定程度上催生了我国的共享经济，包括网约车、共享单车等。

展望未来，金融新技术将继续发挥外溢效应，催生以其为基础技术的新行业或新商业模式。本章兹举两个现象级案例，以管窥这种技术外溢性。

第一节 公益领域应用案例：
蚂蚁森林

蚂蚁森林是金融科技（数字金融）跨界环境公益的成功实践。蚂蚁集团利用自身数字金融科技和大型用户平台优势，将"账户＋计量"模式延伸至大众环保公益领域，创新性地建成全球规模最大的个人碳减排平台，受到联合国多次表扬，被认为向全球输出了碳减排中国模式。

中国公众参与环保公益意愿强但行动转化率低，重要深层原因是环保公益行为缺乏科学计量和有效激励模式。支付宝公布了蚂蚁森林"手机种树"的最新"成绩单"：截至2020年5月底，蚂蚁森林的参与者已超5.5亿，累计种植和养护真树超过2亿棵，种植面积超过274万亩。

2019年11月8日，全国绿化委员会办公室通过互联网平台向蚂蚁森林颁发出2019年第1000万张全民义务植树尽责证书，总证书量超过1300万张。这意味着，全国绿化委员会办公室、中国绿化基金会与蚂蚁集团进行战略合作一年以来，三方通过证书认证等创新方式，已激励互联网用户种树3900万棵以上。该阶段性成果也是我国全民义务植树活动进入"互联网＋"时代的新标志。

一、中国环保公益急需从"小众"到"大众"

（一）中国公众参与环保公益意愿强但行动转化率低，主要原因是大量环保公益项目便捷性差、互动性不强、透明度不高、参与门槛较高、激励机制缺乏等

中国的公益事业近年呈现悖论式发展现象。一方面，中国全民公益观开始形成，普通民众的公益意愿强烈。人民论坛 2017 年度"中国公众公益观"问卷调查显示，84.7% 的公众愿意参与公益组织或活动。另一方面，实际参与公益活动的个人数量较少。以公益捐赠为例，《2017 年度中国慈善捐助报告》显示，公众捐赠（包括企业家和富裕阶层）占全国总捐赠数额的 23.28%，这与发达国家个人捐赠占比 60%～80% 形成鲜明对比。环保公益作为近年新兴起的一个公益类别，同样呈现上述悖论式发展现象。调查表明，全民环保公益意愿强而参与少的原因包括便捷性、互动性、透明度较差等方面。

（二）进一步看，环保公益行为缺乏科学计量和有效激励模式是难以在全民层面有效、持续开展的深层原因

从金融角度看，持续公正的计量并据此进行激励，是正向激励一种行为的有效方式。反观环保公益领域的居民参与意愿强而行动少现象，明显存在激励不足问题，而激励的基础是计量。

环境问题分为"远""近"两类，空气污染、水污染等十分重要但离公众生活较"远"；个人每天的实际生活行为和生活方式，与环境优劣关系其实很"近"，如垃圾分类、节约用水用电、个人出行方式等。公益界学者一般认为，针对"近处"环境问题的公益具有与个人生活关系密切、参与门槛低等特点，适合成为大众环保公益活动项目，然而，计量痛点一直难解——例如，如何衡量一个家庭用水用电是绿色的？如何判断一个城市居民的出行方式是低碳的？此外，他们的绿色、低碳程度如何？这些计量结果如何让居民实时知道，如何持续激励居民的低碳行为？

二、蚂蚁森林的创新性实践

（一）用数字金融科技和碳减排科学方法学即"个人碳账户＋计量＋大平台"破解居民绿色生活方式计量难题，充分满足公众环保公益参与意愿

2016 年上半年，蚂蚁集团确立用数字金融科技的方法来做环保公益的思路，开始筹建蚂蚁森林项目。首先，蚂蚁集团借鉴金融领域的个人资金账户模式，为用户开通个人碳账户，以账户为纽带将个人与环境紧密相连；其次，将金融科技中的数字计量模式创造性地引入个人碳减排领域，选取居民生活方式中最具有碳减排效应的场景进行科学方法学测算。例如，个人碳减排场景首期选取了线下步行、网络购票、网购火车票、生活缴费、地铁出行等替代交通场景，移动支付等替代纸张场景，每个场景均委托第三方碳计量团队开发方法学，计量出每次减排行为具体的减排克数。目前，接入蚂蚁森林的减排场景已发展至近 20 种，未来计划进一步加大场景覆盖力度，逐步覆盖居民衣、食、住、行、用和旅游等各个方面，将个人碳账户进一步做全、做实。此外，蚂蚁集团正在酝酿小微企业碳账户事项，计划未来形成 B 端和 C 端碳账户在市场力量作用下进行互动的局面。

由于绿色生活方式计量难题被碳账户和碳计量攻克，再加上互联网平台规则透明、互动性强等特点，蚂蚁森林解决了传统环保公益便捷性差、互动性弱、透明度不高等痛点，中国公众原本较强烈的环保公益热情被点燃。至 2016 年 12 月底仅四个月时间，参与人数就突破 1 亿；2017 年春节过后，人数突破 2 亿；至今上线 4 年多时间，参与人数超过 5.5 亿人。

（二）用另一重环保公益激励个人碳减排，解决了环保公益参与门槛高、激励机制差痛点，兼顾"远近"环境问题

创新性的激励机制也是蚂蚁森林成功的重要原因。蚂蚁集团调研后认为，不同于市场行为更多需要物质激励，公益行为更多需要精神激励。由此，蚂蚁森林推出用环保公益项目来激励个人碳减排的机制设置，"互联网种树"模式被正式推出，并成为用户追捧的"网红"。具体规则为，用户在近 20 个减排场景中积攒的碳减排量，当达到末端梭梭树、沙柳、花棒、樟子松、胡杨等树种的单株碳汇量数值时，用户可兑换公益种树权益；随后，蚂蚁森林和公益机构伙伴为其在西北地区的沙漠锁边工程等适种地区种下一棵真树。上述激励过程也充分考虑了用户的互联网体验，引入了互动、社交、游戏等元素，例如用户在"减排量守衡"前提下可"偷取""代收"好友"能量"；可与家人、友人一起种树；可通过遥感、远程摄像、实地看树等确定种树的真实性。

随着蚂蚁森林规模的壮大，激励方式除了"互联网种树"外，还拓展了保护地养护、湿地养护、生物多样性保护等环保公益模式，形成前端着力个人碳减排等"近处"环境问题，末端着力大气、水、土壤污染防治等"远处"环境问题的公益新格局。蚂蚁森林近一年还主动承担了阿里集团生态扶贫的重任，在解决环境问题中更注重人的因素。

三、蚂蚁森林的部分社会价值

（一）在全球范围内率先大规模开展个人端碳减排，为全球碳减排提供中国样本，彰显中国碳减排负责任大国形象

近几年是全球碳减排的关键年，温升和气候变化威胁着全人类福祉，但 2017 年美国宣布退出全球近 200 个国家努力多年达成的《巴黎协定》，身为全球最大碳排放国的中国成为在全球推行这一协定的领导国之一，中国的任何碳减排举动均被全球瞩目。近两年，在官方推行政府端和企业端碳减排之外，蚂蚁森林携 3.5 亿居民在全球范围内率先大规模开展个人端碳减排，多次得到联合国、IMF 等国际组织赞誉，称其为全球碳减排提供了中国样本。

（二）自下而上地推动全民生活方式绿色化，提升全民绿色心智和环保意识，成为中国生态文明建设的重要补充

近年，环境问题在中国越来越凸显，自上而下形式的环境治理和环保号召固有其效，但自下而上的推动全民生活方式绿色化同样重要。在自下而上推行全民环保公益方面，蚂蚁集团拥有环保部门没有的大型互联网平台抓手，便捷地链接了 3.5 亿以上用户，且平台上线了丰富的碳减排和环保公益场景。用户调查显示，用户通过参与蚂蚁森林项目，对低碳生活和保护环境的重要性有了更直观、更深刻的认识。

（三）作为中国科技企业代表，将先进金融科技运用到环保公益领域，创建了全球领先的个人碳减排计量、分配和激励标准体系

在全球范围内，大多数个人碳减排场景尚没有成熟的方法学或计量标准，此领域存在众多难点和空白区域。作为中国科技企业代表，蚂蚁集团携手国内碳减排权威学者和北京环境交易所等公益伙伴，率先开发并应用了 20 多个场景的个人碳减排方法学，并运用金融科技手段建立大量个人碳减排场景的计量、分配和激励标准体系。

（四）开创了个人和小微企业广泛、深入参与的中国环保公益新模式——"互联网减排""互联网种树""互联网护绿"

事实上，大多数中国公众都有参与环保公益的意愿，但受限于个人碳计量门槛较高，参加实体植树、护绿等公益行为需要解决时间长、地点远、花费多等难题，最终难以转化为行动。蚂蚁森林创新的"互联网减排""互联网种树"和"互联网护绿"模式，汇聚 5.5 亿以上公众和大量小微企业的点滴公益心，由蚂蚁森林、专业公益机构代为碳计量、植树和保护生态，解决了上述难题。

第二节 政务领域应用案例：支付宝数字政务民生

近年，我国数字中国战略实施顺利。支付宝从 2008 年起深耕数字政务与民生服务，2020 年创新出数字"市民中心"模式对接各级、各地政府的"一网通办"改革，对我国数字中国建设起到一部分的助力作用。

数字"市民中心"是支付宝数字政务服务开放的一项重要举措，利用支付宝平台能力和技术优势与各级、各地"一网通办"平台实现了深度融合，例如为各数字政务运营机构提供自运营专区和智能化运营能力等。截至 2020 年上半年，已有超过 300 个地级以上城市的"城市服务"升级为数字"市民中心"，实现了服务项目更多，内容更丰富，方式更创新，平台更权威和开放。

一、我国建设数字中国在政务、民生领域面临的挑战

2018 年 10 月，西藏自治区政务服务网开始试运行，标志着我国 32 个省级政务服务平台已基本建成①。自此，我国数字政务改革迈

---

① 《省级政府和重点城市网上政务服务能力调查评估报告（2019）》，2019 年 4 月，中央党校（国家行政学院）电子政务研究中心。

过"政务上网"阶段，进入质量提升阶段。但正如国务院相关文件①所指：目前政务服务与构建方便快捷、公平普惠、优质高效的网上政务服务体系目标相比仍有较大差距。

（一）"互联网＋政务服务"改革取得阶段性成效，但数字政务覆盖度和服务质量仍有较大提升空间

我国数字政务在覆盖度方面存在不平衡现象。突出表现为部分先进省份数字政务项目种类全、项目多，部分省份种类少、项目少；部分省份覆盖城市多，重点县域也有覆盖，部分省份县域服务尚未展开。

在服务质量方面，部分地区还处于线下服务线上化阶段。各层级、各办事部门间的数据联通水平低，信息共享水平低，形成一个个"数据烟囱"，使原先的线下办事难、办事繁在一定程度上变为线上办事难、办事繁。

（二）居民线上办事"门槛高"，大量政务平台全面性、便捷性不足导致居民"进多站，跑多网"现象

从居民角度看，部分地方的线上办事"门槛较高"。一是过去数年各省份普遍建设了多地、多部门的各类线上政务办事网站和手机端 App。这些网、端权威性较强，但全面性不足，使用较为低频，规则和使用方法各不相同。居民线上办事需要"进多站，跑多网"，导致便捷性差，使用体验差。

---

① 《国务院办公厅关于印发〈进一步深化"互联网＋政务服务"推进政务服务"一网、一门、一次"改革实施方案〉的通知》，2018 年 6 月 22 日。

（三）部分政务服务平台数字技术水平落后于居民数字生活需求，智能化水平不足

在技术水平方面，目前部分政务服务平台存在与居民办事需求不匹配问题。部分平台稳定性、流畅性和兼容性等基础性能方面未达到高质量水准；尤其是处理用户高并发业务时，不少平台面临严峻的技术考验。

大量平台在高端数字技术应用和智能运营技术方面有待改进。例如众多数字政务场景需要进行身份验证、资金支付、图像识别等功能，涉及人工智能、物联网、大数据、云计算等关键数字技术能力。在用户运营技术能力方面，大量平台更是存在短板。

二、支付宝数字"市民中心"的创新性实践

支付宝在我国数字政务改革的不同阶段采取了不同的服务策略。在 2018 年以前，支付宝一方面积极承接各地各部门分散的政务上网需求，另一方面利用平台和技术力量助力各地相关部门推出和优化数字服务，并将各地分散服务项目创新性地集合为"城市服务"版块。2018 年起国家推行"一网通办"改革，支付宝最初通过小程序模式进行对接，支撑多省份"一网通办"平台实现入口通、用户通、事项通和证照通，成效显著。

从 2020 年起，支付宝酝酿了又一项创新服务方式——数字"市民中心"。数字"市民中心"是支付宝数字政务服务开放的一项重要举措，利用支付宝平台能力和技术优势与各地的"一网通办"平

台实现深度融合，为各地数字政务机构提供自运营专区和智能化运营能力，打造真正的"政务天猫"。

（一）将"城市服务"升级为数字"市民中心"，进一步提升覆盖度和服务质量

2020 年 4 月，支付宝正式对外宣布数字"市民中心"创新模式。至 5 月底，已有超过 300 个地级以上城市的"城市服务"升级为"市民中心"。

首先，支付宝"市民中心"深度对接全国"一网通办"平台，覆盖了更多的数字政务、民生服务。截至 4 月底，支付宝已上线超过 30 个省份、城市和国家部门"一网通办"平台，与浙江"浙里办"、江西"赣服通"等实现深度融合，大量增加了服务项目。"市民中心"总计接入全国各城市超过 3.5 万项数字政务、民生项目。此外，近年支付宝在推动县域数字政务、民生服务方面卓有成效，已推动数百个县域接入服务。

其次，支付宝"市民中心"相比过去的"城市服务"，服务质量更高。一是"市民中心"实现了更权威和更开放。支付宝利用一级页面赋能地方"一网通办"平台，助力平台实现用户增长和用户心智建立。在官方专区，各地政府委托的运营机构可以自主开展官方推荐和热点服务，打造官方服务直通车。二是"市民中心"的服务内容更丰富。居民办事项目从原有核心政务、民生领域进一步延伸到生活类事项，如场馆预订、法律咨询、就业创业等；新增了"市民广场"专区，推出权威信息发布、政策解读、本地活动、文体生活等内容。

（二）利用一站式政务平台模式缓解居民办事"门槛高"痛点，进一步提升服务便捷性

服务全球超过 10 亿用户的支付宝，拥有各级政府、办事部门自建网、端难有的高频触达用户优势，其聚合各省、市数字政务、民生服务形成一站式办事平台，缓减办事群众"进多站，跑多网"困境，极大降低了各地居民网上办事的门槛。以支付宝端"浙里办"为例，2019 年率先在全国实现公积金提取、社保查缴、交通违章缴罚一站式服务，真正兑现群众办事"一次也不跑"。

（三）利用数字技术能力和开放技术平台方式，确保居民的数字生活良好体验，实现用户服务智能化

首先，支付宝利用全球领先的数字技术，确保数百个"市民中心"在技术层面具有优良性能。目前，已升级的"市民中心"在稳定性、流畅性和兼容性等基础性能方面，均得到较大程度改善。再例如，支付宝人脸识别技术已经在"市民中心"领域得到了广泛应用，其已达到金融级的准确度和安全性。

其次，"市民中心"依托"光华"数字政务架构的全面开放等，实现了智能化的"服务找人"。为与各地的"一网通办"平台进行深度融合，并配合各地政府数字政务的多端战略，支付宝于 2020 年初通过人工智能等技术构建了"光华"数字政务架构。该架构向各地政务机构赋能了支付宝的实名账户、安全核身、服务"好差评"、智能客服、数字信用、区块链、绿色政务（蚂蚁森林）等能力，后台的光华数据看板、服务运营可以让各数字政务部门和运营服务商直接实现数字政务智能运营，助力机构实现容缺受理、"服务找

人"等。

三、支付宝数字政务创新实践的社会价值

（一）助力我国建设全球先进、有特色的创新型数字政府

西方发达国家近几十年建立了以 PC 端服务为主的数字政务模式，而我国近年则借助发达的智能手机、移动支付网络建立了手机端为主、结合 PC 端的数字政务模式。近 12 年支付宝的相关实践，对我国建设有特色的数字政务起到了一定的支持作用。

近年，支付宝还联合阿里云、钉钉等国内领先的数字政府建设服务商，共同为各地提供更深层次的技术支持。例如，在浙江省大数据发展管理局等部门和阿里巴巴集团的共同努力下，浙江全省超过 130 个部门的 1000 多个系统已入驻"一朵云"，掌上办公平台"浙政钉"现已覆盖省市县乡村小组 6 个层级超过 120 万相关政府工作人员。

（二）为我国超过 6 亿居民提供数字生活基础条件，提高其美好生活获得感

居民拥有较发达的数字生活，已成为中国在全球的名片。在近几个月的新冠疫情期间，包括数字政务在内的数字化生活服务，成了我国居民抵御疫情对生活冲击的重要科技力量。而具有发达线下生活方式的其他大部分国家，其居民受到疫情冲击普遍比我国更大。疫情使我国居民对拥有数字生活方式产生了更多自豪感，更加坚信数字生活方式的先进性。事实上，数字生活带来的美好生活获得感，不仅体现在疫情期间，也体现在平时。

（三）利用数字技术助力提高社会运行效率

以数字"市民中心"为代表的支付宝数字政务模式，通过将居民跑腿、工作人员办事方式改为数据跑腿、智能办事，大幅提高了社会运行效率。在政府侧，助力各地政府和办事部门实现24小时不打烊的线上办事，通过流程优化或再造提高行政效率。在居民侧，改善居民"办事难、办事繁"痛点，在大量场景减少排队等候时间，提高生活效率，降低交通费等成本。

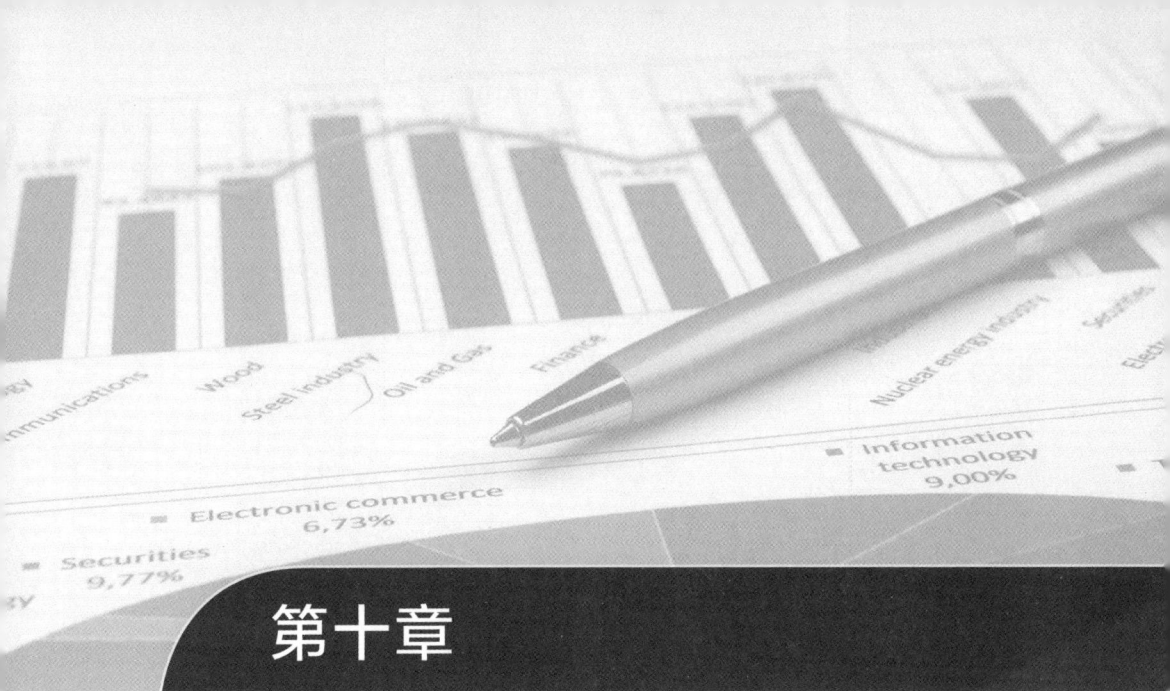

第十章

我国数字金融出海发展情况

　　我国数字金融行业近年来顺应全球数字经济潮流，将在中国获得成功的商业模式和全球领先的安全能力、技术能力带至全球，开始全球化步伐。

　　与此同时，我国数字金融出海面临着激烈竞争和复杂的全球化形势。竞争主要来自三个方面：一是全球数字金融巨头的跨国发展；二是全球各地将金融科技上升为国家战略规划，纷纷出台鼓励本地企业发展政策；三是来自各地新锐数字金融企业的竞争。

第一节 我国数字金融出海发展情况

总体来看，我国数字金融行业出海发展可以分大型综合类金融科技企业出海，细分领域类金融科技企业出海，以及金融科技配套产业链"随船出海"等三种模式。

一、数字金融平台企业出海发展

蚂蚁集团、腾讯金融、陆金所等我国领先的综合类、平台型数字金融企业近年积极布局全球化发展。其海外拓展业务大致可分为四个方面，一是服务我国游客境外支付，二是在海外发展本地电子钱包等本地化数字金融服务，三是促成全球商品流通的全球收付服务。

（一）满足国人"出境游"的海外支付服务

此方面蚂蚁集团的支付宝和腾讯金融的微信支付为代表企业。中国近年来已经成为泰国、韩国、越南、柬埔寨、俄罗斯、印度尼西亚等国家的第一大入境旅游客源地。与此对应，中国游客"出境游"中面临着衣、食、住、行、用、游、购等各种支付需求、信息需求。支付宝和微信支付近年来积极覆盖中国人"出境游"涉及的热门国家和地区的数十万家海外线下商户门店和超过 50 家主要国际机场。例如，支付宝 2017 年起在马来西亚接入线下商户数万家，囊括便利店、免税店、餐馆、酒店、零售店和景点等各大业态。微信支付在接供支付的同时，还联合海外合作伙伴为合作商户提供小程序、公众号、朋友圈广告等特色服务。

（二）满足海外本地居民的本地支付服务

以东南亚地区东盟十国为例，至今在接近 7 亿人口中，尚有 3.6 亿人口迄今无法获得基础的银行服务。对于在中国已获得成功的移动支付所能带来的数字生活方式，当地居民和政府持欢迎态度。针对上述海外居民的金融需求，我国的蚂蚁集团、腾讯金融等企业，近年积极发展了本地电子钱包业务。

2018 年 3 月，腾讯金融在马来西亚获得了第三方支付牌照，同年 7 月，马来西亚版"微信钱包"在当地上线，当地人衣食住行用均可以使用该钱包。2018 年 10 月 4 日，腾讯联合 KKR 向菲律宾科技公司 Voyager Innovation 投资 1.75 亿美元，获取少数股东份额，后者主要通过电子钱包、数字支付和汇款服务为数百万菲律宾消费者提供数字和金融服务。此外，腾讯金融还在 2018 年在我国香港地区上线本地版电子钱包。

2015 年 2 月，蚂蚁集团与印度电子钱包 Paytm 战略合作，致力于打造首个海外本地版"支付宝"。截至目前，蚂蚁集团已在"一带一路"国家和地区拓展了 9 个本地电子钱包，均采取了与本地企业合作的方式，分别为印度 Paytm、泰国 Truemoney、韩国 Kakao Pay、菲律宾 GCash、印度尼西亚 DANA、中国香港 AlipayHK、马来西亚 Touch'n Go、巴基斯坦 Easypaisa、孟加拉国 bKash。该企业采用了"出海造船"的发展模式，即以不寻求资本控股、主要输出技术和商业模式的方式与当地合作企业共同打造本土版电子钱包。

蚂蚁集团与这些本国企业开展合作并不仅仅停留在资本层面，更重要的是在确保核心技术自主可控的前提下，为它们提供先进可靠的技术解决方案，帮助它们实现跨越式的发展。例如，蚂蚁集团为它们提供基于云计算的新一代系统底层架构，以及全球领先的智能安全风控技术和防欺诈系统等，使这些企业大幅降低系统运营成本，并保证了用户规模快速增长阶段的系统稳定性和安全性。

（三）服务国内用户的全球收付款、全球理财服务

在"全球购"领域，我国蚂蚁集团提供的全球收付业务具有代表性。目前，蚂蚁集团为跨境电商提供支付服务可分为三类。第一类是服务于境内"卖家"和境外"买家"，第二类是服务于境内"买家"和境外"卖家"，第三类为服务于境外"买家"和境外"卖家"。2019年"双十一"购物节，蚂蚁集团整合当地支付服务，为东南亚电商平台 Lazada 提供支付服务，帮助泰国、菲律宾等东南亚国家消费者进行国际购物服务。

在全球理财领域，国内数字金融企业陆金所是代表企业之一。2017年7月，该企业在新加坡开通"陆国际"业务，让大量合法持有境外理财账户的国内外个人用户，均可以通过互联网形式的"陆国际"进行国际理财。

二、我国细分领域类金融科技企业出海发展

从2015年蚂蚁集团开始在印度战略投资 Paytm 开始，我国大量金融科技企业将目光投向海外。在大型金融科技平台企业之外，理

财、借贷等细分领域金融科技企业也纷纷出海。

2016 年 5 月，宜信财富旗下宜信财富管理（新加坡）有限公司成功申请到新加坡金融管理局（MAS）颁发的资产管理全牌照，随后展开全球财富管理业务。

2017 年至今，中新控股（原名中国信贷科技）已在东南亚布局如 Amigo、SingaporeLife、Havenport 等多个平台。Amigo Technologies 的子公司 Vinatti 拥有越南国家银行颁发的第三方支付牌照，可为本地用户提供包括支付网关、付款和托收支持、电子钱包以及电子货币转账支持在内的四项金融服务。SingaporeLife 是一家以金融科技为依托的互联网人寿保险公司，于 2017 年 6 月正式获批新加坡金管局颁发的人寿保险运营牌照。Havenport 则持有新加坡金管局颁发的可从事基金管理、买卖及托管的资本市场服务牌照，为机构、金融中介及高资产净值个人提供资产管理服务。

2017 年 9 月，京东集团和京东金融（现名"京东数科"）宣布，将与泰国最大的零售企业尚泰集团有限公司和 Provident Capital 在泰国成立两家合资公司，分别提供电商服务和金融科技服务，投资总额为 5 亿美元。金融科技服务合资公司将受益于京东金融在金融科技领域专长，包括其在发展中市场构建便捷金融科技服务的经验和技术，如人工智能、云计算及其他行业领先的技术。

2017 年 10 月 12 日，中国智能金融服务商 PINTEC（品钛）集团宣布在新加坡成立金融科技公司 PIVOT，面向东南亚地区推广数字化财富管理及智能投顾技术服务。2018 年 4 月 16 日，品钛与新加坡大华银行（United Overseas Bank，UOB）在新加坡宣布成立合资公司华钛科技［Avatec.ai（S）Pte Ltd，Avatec］，合资子公司将向金融、零售、电商等 B 端机构输出智能信贷技术服务。

2018 年，国内金融科技机构凡普金科与新加坡 Cash wagon 签订战略合作仪式，双方将基于大数据处理和金融科技研发开展密切合作，进一步帮助 Cash wagon 拓展东南亚地区的智能金融服务。

此外，国内"贷款超市"也加入了东南亚出海行列。2018 年 2 月，国内专注导流的企业融 360 对印度尼西亚贷款超市 CashCash 进行了投资；2018 年 3 月，小米金融的贷款超市 App 在印度尼西亚上线。据多方媒体报道，近年拍拍贷、中腾信等企业也在东南亚国家上线了"贷款超市"。

三、我国金融科技产业链配套企业"随船出海"

伴随我国金融科技行业的"出海"发展，原先为该行业提供产业链配套的企业也开始"随船出海"。

例如，2017 年 12 月 8 日，我国大数据风控服务提供商同盾科技在印度尼西亚正式上线大数据风控产品，其对外称将为中国出海印尼的企业提供风控方面的服务，并将逐渐构建起自身在印尼的产品生态。在国内，同盾科技是蚂蚁集团、腾讯金融、京东数科等企业的大数据风控服务提供商之一。

我国金融科技企业"出海"的一个特点，即不只是一家企业的出海，而是一整套生态系统的"出海"。与同盾科技类似，原先在国内为蚂蚁集团、腾讯金融提供线下支付业务拓展、智能公交支付拓展的相应公司，近年也纷纷"随船出海"，开展海外业务。

第二节　全球范围内数字金融业务的跨国发展

近年，国际数字金融企业也广泛开展了跨境发展，目前总体形成以美国企业为主、以欧洲企业为辅的全球化发展格局。这也使我国数字金融企业出海发展面临激烈的市场竞争。

一、欧美新型数字金融企业跨境发展情况

由于语言以及全球化方面的先发优势，美国数字金融企业从一开始即呈全球化发展态势。

美国科技巨头谷歌旗下的支付业务近年起步，截至 2020 年上半年已在印度等地强势崛起，成为其"下一个十亿级"应用。谷歌支付已覆盖全球 74 个国家，仅在印度一地，就有超过 1.2 亿月活跃用户，超过中国企业蚂蚁集团投资的 Paytm，跃居印度市场份额第一。印度谷歌支付是谷歌内部"下一个十亿级"项目孵化而来，其目的是在新兴市场打造下一个十亿级用户的应用。

贝宝（PayPal）是第一个真正意义上的"全球钱包账户"，近年来发展中国家成为其发展重心。截至 2020 年上半年，贝宝目前覆盖 200 多个国家和地区的 100 多种货币付款。其过去是欧美消费者网购最常用的电子钱包，近年来在发展中国家大举扩张。贝宝很早就已进入印度和中国，但主要从事跨境交易，2019 年在印度被默许开展

国内业务，也在中国获得从事国内业务的支付牌照。与此同时，贝宝在东南亚投资建立金融科技孵化器，进军印度尼西亚、越南、菲律宾和泰国等多个市场。在拉丁美洲，贝宝早在 2010 年就已获得巴西支付牌照，2019 年 3 月更是以 7.5 亿美元大手笔投资拉丁美洲第一大电商平台 Mercado Libre。2018 年开始，贝宝携手非洲本地钱包 M-Pesa 大举进军非洲市场。

国际卡组织维萨和万事达卡近年加大投资和布局顶层标准来卡位全球移动支付赛道。维萨和万事达卡不仅在全球各国投资当地电子钱包，还通过收购的 Vocalink 技术公司成为世界多国央行的技术外包商，为英国、泰国和菲律宾等国搭建了作为基础设施的实时支付系统。

脸书作为拥有 30 亿客户的互联网巨头，不仅在各国布局电子钱包，还通过数字货币网络与中国支付企业展开竞争。截至 2020 年上半年，脸书在印度、印度尼西亚、巴西和墨西哥等新兴市场大力推广 WhatsApp Pay，并在印度已完成试点，计划 2020 年年内将面向 4 亿印度脸书用户全面开放。2020 年 4 月，脸书以 57 亿美元入股印度最大电信运营商 Reliance Jio，成为其最大股东后的一大发力点就是移动支付。

脸书的目标远远不止于此，近年还在进一步构建新一代的数字货币网络 Libra，并希望其成为未来全球支付基础设施。Libra 由脸书等美国企业为主导发起，是基于区块链技术的数字货币支付网络，Libra 宣布最早在 2020 年年底上线。

二、传统金融机构跨境发展数字金融业务情况

美国、欧洲等国外传统金融机构跨境发展数字金融业务进展顺

利，大幅领先于我国。花旗集团于 2012 年提出"移动优先（mobile-first）"战略，并在 2017 年进一步提出"打造数字银行"的新战略。其电子银行平台 CitiDirect BESM 能够让客户通过单一、集中式的访问点访问全系列的服务，包括全球现金、贸易、流动性和投资服务。该平台在全球 95 个国家使用，提供 24 种语言和 140 种货币的交易。2016 年 11 月，花旗银行在全球范围内正式推出 API Developer Hub（API 开发者中心），将账户管理、账户授权、信用卡、转账、花旗点数等 8 大类 API 开放给外部开发者调用。迄今为止，花旗已在全球各个国家开放了共 10 种类型的 API。

摩根大通提出"Mobile First，Digital Everything"（移动优先，数字万物）战略理念，旨在打造领先的数字化体验、布局生态圈、创新数字产品、打造技术型组织和能力。具体实践包括在印度、印度尼西亚、泰国、中国等地启动虚拟柜台、2018 年 9 月推出跨境区块链技术实时应用"银行间信息网络"（Interbank Information Network）、2019 年 2 月推出基于区块链技术的加密货币 JPM Coin（摩根大通币）等。

荷兰 ING 银行致力于打造"差异化的客户体验"。通过推进泛欧一体化银行平台，将欧洲市场分为三大板块，实施不同的数字化转型策略，以实现无缝式客户体验。

星展银行的特色数字化策略围绕核心市场拓展生态圈，利用数字渠道占领新市场，例如新加坡和中国香港特别行政区客户可以通过"DBS iWealth"在手机上随时管理财务、进行交易；印度和印度尼西亚推出的数字银行做到了无纸化、无需签字、无需分行网络，并且由人工智能驱动的虚拟客服提供服务。

第三节　数字金融全球化竞争形势复杂

数字金融是一种未来金融，目前已具有全球性的共识，各国各地区纷纷制定顶层规划，将其升级为国家战略。例如，全球数字金融领先国家之一的美国，于 2017 年初出台《金融科技框架白皮书》，后续多部门还出台相应政策，对金融科技提出一系列支持计划。

此外，在企业层面，全球各国、各地区近年普遍开始了数字金融创新热潮，成功的创新案例竞相涌现。此类创新一方面加速数字金融全球化浪潮，另一方面也使全球化竞争格局更加复杂化。

一、全球各国政府都加强对发展金融科技的支持力度

（一）印度

作为亚洲崛起的新兴市场代表，印度政府对数字支付的普及更加不遗余力。为了打击贪污腐败和洗钱等犯罪行为，印度在 2016 年底宣布将废除 500 卢比和 1000 卢比的纸钞。这一行动大大促进了银行账户和数字钱包的普及率。

不仅如此，印度政府推出的国家身份证项目 Aadhaar 是世界上最大的生物识别项目。Aadhaar 覆盖近 12 亿印度公民和居民，包括 99％ 的印度成年人。印度政府推行 Aadhaar 的动机主要是减少贫困人口福利发放中的寻租成本，在 Aadhaar 之前，由于腐败、偷窃、身

份伪造等多种原因，印度政府发放的 58% 的粮食补贴和 38% 的煤油补贴未到达预定的受益人。

Aadhaar 在信息采集范围和应用领域上都较为广泛。印度居民可自愿申请注册 Aadhaar，提交的信息包括：姓名、地址、生日、性别、出生年月、十指指纹、双眼虹膜和面部信息，可以选择性提交移动电话和 Email 信息，注册成功后将获得 12 位 Aadhaar 账号。在私营部门，Aadhaar 可应用于银行服务、电信服务和以第三方支付为代表的金融科技服务等。印度政府尤其重视将 Aadhaar 应用于移动支付领域，印度政府在 2017 年时宣布，将在 3 年内完全消除借记卡、贷记卡和自动柜员机（ATM），全面推行生物识别支付。印度政府希望在不久的将来，所有印度人都将通过指纹和眼球识别支付，每个人都将是行走的 ATM。

（二）新加坡

作为全球金融中心之一的新加坡近年来也在加快数字支付布局，新加坡推出"智慧国家 2025 计划"。2017 年在新加坡国庆群众大会上，总理李显龙强调，新加坡打造"智慧国家"的规划离不开移动支付，并称新加坡已经落后于中国，正在引入中国的移动支付技术。

为此，新加坡为数字支付等金融科技行业发展提供包容赋能的监管环境。新加坡金融科技协会会长 Chia Hock Laid 出席北京的会议时表示，新加坡政府对金融科技的管理秉持三大理念：第一，在金融科技的监管方面不采用单一监管，即不实行"一刀切"；第二，监管的力度要适当；第三，监管不可以跑在创新的前面。

在制度创新上，新加坡金管局对英国监管沙盒进行改良，为汇款等流程相对标准化的金融科技创新建立"快捷沙盒"。金管局发现对于各类汇款创新活动，风险可以在特定的边界内得到很好的管理，因此于 2019 年 8 月针对汇款、保险和交易平台推出了监管沙盒的增强版——快捷沙盒，以补充当前的沙盒方法。

除此之外，新加坡也注重数字支付的基础设施建设。新加坡目前已可实现全程在线开立全功能银行账户，更好地提升身份信息覆盖率和完整性，推动金融服务可得性。其背后是基于新加坡的 Sing-Pass 建立国家数字身份（National Digital ID）和国家统一数据库 My-Info 两大系统，用户可以在线注册和更新身份证件和数据信息，同时经授权后将数据开放给私营 90 余种私营部门服务，其中包括远程开立全功能银行账户。

（三）英国

英国对金融科技创新的支持起步较早。2014 年 10 月，英国 FCA 开始推出了"创新工程"（包括监管沙盒、监管科技、创新中心、全球金融创新网络等），旨在通过识别和纠正阻碍创新的监管政策和流程来促进创新。

其中监管沙盒是目前来看运行最为有效的创新机制。所谓监管沙盒，是一个"安全空间"，企业可以在其中测试创新产品、服务、商业模式和交付机制，而不会立即受到当前监管规则的约束。从这个定义中可以看到，监管沙盒是一个受监督的安全测试区，通过对测试设立限制性条件和制定消费者权益保护措施，允许企业在取得正式牌照之前，在真实的市场环境中，以真实的消费者为对象测试创新性产品、服务、商业模式和交付机制。截至目前，监管沙盒已运行 5 批次，共 375 家企业申请，131 家进入沙盒（约 35%），118 家进行了测试。

推动支付普惠化是监管沙盒中的一个重要方向。英国上议院特别委员会在 2017 年 3 月发表了一份报告，称 FCA 沙箱是一项鼓励金融科技解决金融服务覆盖不足问题的积极探索，具有普惠价值。例如，一家测试企业让用户能够更快地完成诸如租金、市政税、燃气和电力等便民服务的缴纳。政府一直支持这些测试企业通过手机 App 为用户提供更好的收支概况，并使用同一 App 收取保险费、缴纳生活服务开支。

（四）欧盟

欧盟致力于扩大金融服务的普惠性，其中一个重要手段是推动开放银行（Open Banking）。2015 年 11 月欧洲议会和欧盟理事会发布《支付服务指令 2》，要求银行通过标准化 API 接口向金融科技公司开放交易和账户数据。开放银行的核心理念是通过金融数据的安全共享，使擅长金融服务的银行与擅长用户触达和运营的金融科技公司相结合，使金融服务能与各行各业相结合，从而更好地满足更广泛的商家和消费者的多元化金融需求，从而对普惠金融，尤其是普惠支付起到积极推动作用。

二、全球范围内金融科技创新迭出

近年来，无论在发达国家还是发展中国家，金融科技都处于高速发展阶段，其背后既有市场需求，也有科技驱动，同时也离不开当地政策的支持。各国金融科技发展虽然总体方向一致，但由于各地经济发展基础、金融服务水平和居民生活习惯不同，金融科技创新呈现多元化发展态势。

案例一 **肯尼亚 M-Pesa 等非洲电子钱包**

电信集团 Vodafone 沃达丰旗下在非洲经营的通信商 Safaricom 与非洲运营商 Vodacom 于 2007 年成立了合资公司 M-Pesa。M-Pesa 主要通过自建的 PesaLink 网络以手机进行汇款、转账、支付等移动金融服务。截至 2019 年初，其移动网络已经拓展至 7 个非洲国家，甚至进军东欧、中亚与南亚（印度）市场。现累计交易量达到 6010 亿肯尼亚先令。2019 年初，Safaricom 推出 Fuliza，支持 M-Pesa 内的透支行为。

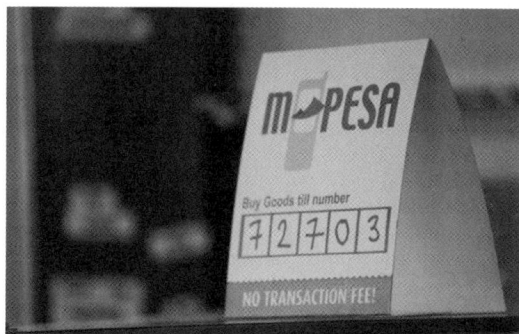

图 10—1　M-Pesa 电子钱包示意图片

M-Pesa 主要通过创新支付的方式来服务这些被传统机构忽略但体量庞大的长尾客户，快速获取市场份额。值得指出的是，在金融教育相对落后、信任度不高的肯尼亚市场，M-Pesa 抓住了 2008 年社会动乱的时机，仍然为民众提供安全转账的服务，一举赢得信任并巩固其市场地位。

印度尼西亚 Go-Pay

Go-Pay 是东南亚科技公司 Gojek 推出的电子钱包业务。Gojek 成立于 2010 年，总部位于印度尼西亚雅加达，最早推出同名 App 以提供 "网约摩的" 服务，后续在 App 上扩展包括食物外卖、包裹快递、保洁和按摩等一系列服务，逐步在东南亚打造 "超级 App"。截至 2018 年底，Gojek 注册用户数达到 1.25 亿[①]，用户来自印度尼西亚、新加坡、越南、泰国等东南亚国家，其中大多数用户来自 Gojek 大本营——印度尼西亚。由于印度尼西亚作为发展中国家，金融体系非常落后，电子钱包的推广在场景端和资金端均面临严峻挑战，Go-pay 通过因地制宜的产品设计有效克服这一点。

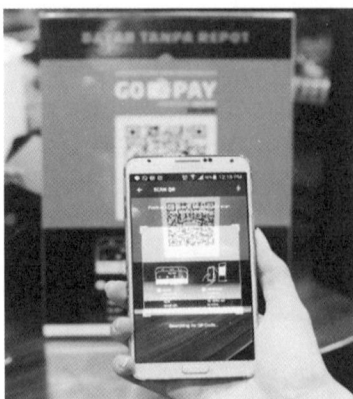

图 10—2　Go-Pay 电子钱包示意图片

---

① 数据来源：CBI Insight。

案例三 **美国 Square**

　　Square 是一家为线下中小商户提供移动支付解决方案的公司。Square 成立于 2009 年，2015 年在纽交所上市，总部位于美国加州，公司创始人是 Jack Dorsey（其创办的另一家公司是知名的社交平台 Twitter）。Square 的商户行业分布在零售、餐饮、服务和美容美发等需要落地的支付场景，服务客户范围覆盖欧美等发达国家。截至今天，Square 拥有年化 50% 的营收增长，用远低于传统收单机构的成本获得超过了 200 万小微商户，成为美国收单市场最强有力的颠覆者。虽然 Square 尚未实现盈利，但这并不妨碍它成为科技行业的一匹"黑马"，其市值从上市时的 29 亿美元飙升至超过 600 亿美元。

　　2014 年至今，Square Capital 累计放款 32 亿美金，服务 18 万商家，平均贷款利率 10%～16%，重复借贷率高达 90%，在金融需求上提升商家满意度。

图 10—3　不同样式 Square 收单机图

案例四 **英国 Revolut**

Revolut 数字银行于 2015 年在伦敦成立，目前已经计划登陆美国、新加坡和澳大利亚市场，同时也在评估入驻印度、巴西、南非和阿联酋等国的可能。在过去 2018 年里交易总量增加了 700%，达到 15 亿美元。用户总量也实现了大跨越，过去两个月平台用户总量已经从 100 万增加到了 300 万，每日新增用户数高达 1 万人次。

传统银行信用卡提供的外汇提取服务虽然账面上只收取 2% 的服务费，但隐形的外汇兑换率会让用户的额外损失多出 8%。Revolut 的特点是它能为零售客户提供最优惠的外汇兑换汇率，可以在全球不同国家任意使用超过 90 种不同的外币。

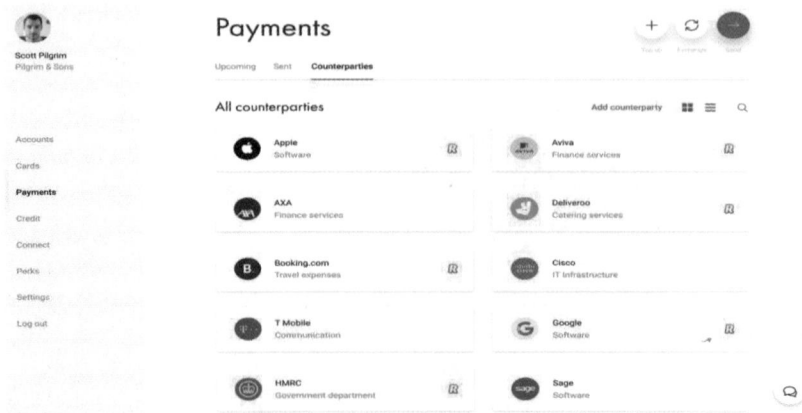

图 10—4 Revolut 企业账户内群组管理

Revolut 还搭建开放平台，允许第三方 SaaS 服务接入进来，为用户提供更加方便的账户管理服务。以团队协作工具 Slack 为例，接入小企业内部的群组后 Revolut 能为员工提供实时的消费提醒、预算控制等功能。

| 案例五 | **欧洲 Transferwise** |

Transferwise 成立于 2010 年，位于英国伦敦，是一家国际汇款平台，主打收费和汇率透明、便宜。用户可以通过 Transferwise 的网页或者 App 完成跨境、跨币种汇款。Transferwise 匹配两个国家间对彼此货币有需求的人，然后各自向对方的目标账户转移同等价值的本地

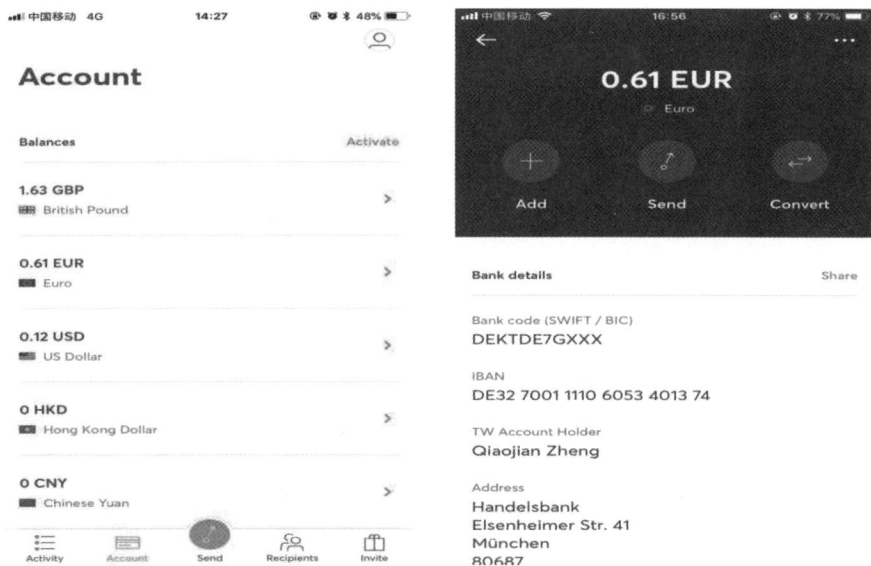

图 10—5 Transferwise 资金来源列表和 "无国界账户"

货币以达到换汇的目的，整个过程中并没有发生任何实际的"国际换汇"业务。截至 2018 年底，Transferwise 在支持 46 种不同货币，在 59 个国家提供服务，客户数超过 400 万人，每个月处理全球约 40 亿美元的交易，公司估值超过 20 亿美元，是国际汇款行业当之无愧的"独角兽"。

第十一章

未来五年数字金融的发展趋势

过去十几年，中国数字金融发展取得了较大的成绩，但这仅是其起步和奠基时代。放眼未来五年，我国金融业将真正进入整体数字化升级转型时期。

第一节 数字金融整体发展趋势预测

从数字金融的发展现状和态势，一定程度上可以预测未来五年的发展趋势。

一、数字金融成为金融业共同发展方向，数字化升级转型成为金融业主流趋势，转型先行者竞争力明显上升

未来五年，我国金融业向数字金融转型升级的紧迫性将大为增强，转型大潮将至。近年，数字化升级转型在我国金融业虽有一定共识，但紧迫性明显不足，这种局面即将改观。首先，持续的新冠疫情加强了转型紧迫性。此次疫情成为数字经济演练场，用一种极端方式在全民层面加速数字经济普及。这促进我国金融业更加坚定数字金融作为下一代金融发展形式的判断与认识。其次，我国金融业经过近十几年的现代化金融企业改革和运行，取得了巨大成绩，但要在新时期的全球金融竞争中获得领先位置，核心竞争力将是数字金融。在一定程度上，数字金融类似5G、6G通信技术，是我国金融业"弯道超车"的机遇。最后，数字经济将在未来五至十年更深入和快速发展，我国居民和企业的数字金融需求也将更加深入，金融业在供给侧必须予以更多回应。

未来五年，数字化转型先行者的竞争力将明显上升。以招商银

行为例，近年该银行成为数字化升级转型的先行者之一，2019 年 9 月该行 App 的下载量过亿，并因此成为国内首家 App 用户数破亿的股份行。此外，招商银行还将大数据、区块链、人工智能等前沿金融科技广泛应用于公司金融领域，为客户的全产业链上下游企业提供全渠道支付结算产品，包括移动支付、公司二维码支付、全网关对公代收付等。另外的例证是，近几年与金融科技平台展开互联网联合贷款的数十家商业银行，其数字化金融服务能力、数字风控水平、业务结构等都获得明显提升。

二、金融新技术创新进入爆发期，驱动数字金融基础设施加快部署，金融流程数字化再造、产品和服务创新加速

金融新技术创新正在加速，未来五年将进入创新爆发期。金融新技术创新为金融业带来的变化并非是线性发展的，而是遵循摩尔定律呈现几何级的影响。从金融史角度看，金融业一直通过吸收先进科技不断增强服务实体经济能力。在数字经济时代，金融业必将继续吸收新的关键技术，进化服务能力。以 BASIC① 为代表的关键核心技术将继续为金融业带来变化。

在新技术带动下，未来五年，可以预计金融业务流程的数字化改造将深入进行，数字金融产品和服务创新将层出不穷，开放式信息系统架构等数字金融基础设施的建设也将加速开展。

金融新技术将继续发挥外溢效应，催生以其为基础技术的新行

---

① BASIC，即区块链（Blockchain）、人工智能（Artificial Intelligence）、安全（Security）、物联网（Internet of Things）和计算（Computing）。

业或新商业模式。例如，移动支付技术的成熟在一定程度上催生了我国的共享经济，包括网约车、共享单车等。未来，随着金融新技术的深入应用，更多数字经济新业态将出现。

三、数字金融将较高质量地服务实体经济，供给侧改革任务取得更多实质性进展

我国金融业高质量发展的趋势已经显现。经过近十几年来脱胎换骨般的发展，我国金融业已具备支撑实体经济快速发展的基本服务能力，资产规模、营利能力、防范化解风险能力、科技创新能力和服务创新能力等均大为提升。

未来通过深入的数字化转型，金融业多层次、多元化的金融供给侧改革将有更多实质性进展。通过更加深入的数字化转型，未来大型商业银行服务实体经济主动脉的能力将继续提高，其服务实体经济"毛细血管"即长尾小微企业和长尾人群的能力将更快成长；地方性中小型银行、村镇银行、数字普惠金融机构以及民间小贷机构等，未来也将通过数字金融转型找到更多可持续商业模式来丰富金融供给手段。

四、监管科技能力全球领先，形成适配性更强的数字金融监管体系

拥有全球领先的金融科技行业，是推动我国发展出全球领先的监管科技能力的重要条件。近年，我国金融监管系统的监管科技能力已处于快速建设和应用阶段，例如央行和银保监会正在抓紧部署

相关能力，北京、天津、广州、重庆、西安、贵阳和温州等城市金融监管机构的监管科技能力建设已初显成效。

我国正建设与数字金融适配的新型监管体系。从近年的监管实践历程上看，监管部门正在监管理念和监管框架上将数字金融与线下模式为主的金融机构区别开来，更多关注其特殊性和新特点，更多地采取适配性强的监管方式。

五、金融业国际竞争力大幅提升，我国将更多地参与国际金融规则的制定过程

未来 15 年，我国金融业将由量变到质变，国际竞争力大为提升。首先，得益于过去 15 年的金融业双向开放，我国主要商业银行、保险机构、证券公司等已完成现代企业制度改革，并完成向国外金融机构的学习过程，初步在全球各地进行布局。其次，与过去数十年我国金融业处于跟随和学习阶段不同，未来全球金融业将向数字金融转型，我国金融业在新赛道上并不落后，在关键领域还处于全球领先水平。最后，我国金融业发展模式在"一带一路"等发展中国家和地区具有推广优势。实践证明，发达国家金融模式在欠发达地区容易出现"水土不服"，而我国金融业发展模式在全球范围内数十亿人口级别的发展中国家和地区具有更好的适配性。

第二节　数字金融分领域趋势预测

预测数字金融未来五年发展趋势，除了整体预测之外，还可以进行分领域预测。本书撰写团队认为，分领域来看，我国数字金融未来五年的发展趋势大致如下。

一、数字支付领域

（一）物联网、人脸识别等技术将推动数字支付持续创新

物联网、人脸识别等新技术将带来商业场景及人类生活方式的巨大改变，作为服务商业及生活的数字支付行为也必将发生重大改变。去机化（脱离手机）、场景化（深度融合）、无感化（随时随地）已经成为一种趋势。例如，支付宝近年来在我国线下商业场景开始推动基于物联网的人脸支付；国外的支付产品 Amazon Pay 已经和物联网操作系统 Alexa 高度整合，实现智能化语音支付。

（二）数字支付应用领域将进一步拓展

在全球范围内，数字支付也正展示出其强劲生命力，其下一代支付工具的地位正在被巩固，应用范围正从网购、线下部分场景拓展到衣、食、住、行、用、游、购等方方面面。资金是现代商业的血液，利用数字技术，数字支付在我国居民日常消费领域已经取得长足进步，但在 B2B 企业支付、工资代发、非日常消费以及政府福

利发放领域，数字支付还有非常广阔的成长空间。

（三）在全球范围内，数字支付的普惠价值将进一步发挥，将在欠发达地区和农村地区加快普及

在我国，数字支付是典型的普惠金融创新，为农村地区、中西部及三线以下城市的经济发展及数字政府建设带来了"借道超车"的机会。在全球范围内，仍有广大的金融欠发达地区和农村地区有待普及数字支付，数字支付的普惠价值将进一步发挥。事实上，包括我国政府在内的全球多数国家和地区，正从政策制定和创新监管等方面，进一步鼓励和加快推动移动支付在本国或本地区的普及。

（四）以数字支付技术为支撑的新型全球支付清算网络将可能出现

今天的全球支付清算体系是以美元为基础，以 SWIFT、维萨、万事达卡为支柱的体系。未来五年，随着数字支付技术在全球范围的普及，将可能诞生新型全球支付清算网络。该网络能运用区块链等新技术，链接全球数字钱包，重建交易信任机制。该网络可以支持数字货币的流转和使用，实现资金在全球范围内高效、便捷、低成本地流转。该网络甚至能够叠加智能合约，使得商业合约能更加可信、智能地被执行，极大降低信任成本，给商业带来深刻的变革。新型全球支付清算网络将打通商流、物流和资金流，适应全球商品贸易和服务贸易的发展，助力全球数字经济发展。

二、数字信贷领域

（一）银行业大幅加快数字化转型，开放银行将成为转型主流之一

可以预期，开放银行将成为我国金融业数字化转型的主流方式之一。开放银行兴起于西方发达国家，与我国数字经济发展形势匹配度高。其是一种旨在实现"银行无处不在"的发展策略，方式包括银行业向第三方机构开放金融服务接口和数据，或将第三方场景服务引入银行业务等，其目的是将金融服务嵌入各类场景，发现并满足用户各种新型金融需求。

（二）互联网联合贷款将成为商业银行建设开放银行的重要抓手之一，我国金融供给结构性错配获得部分缓减

由于金融科技企业拥有小微企业、长尾个人用户的便捷触达能力，并且具有维度丰富、动态调整的数据资源，以及丰富的数字消费、经营场景，因此出于数字经济场景、数据、人群开放的展业驱动力，互联网联合贷款将成为商业银行服务小微企业和长尾个人的基本方式。受益于此，我国金融供给结构型错配状况得到一定程度改善，金融可得性进一步提高。

（三）线上模式的数字金融服务将不再是补充手段，而是与线下服务方式并列的服务手段

目前在服务 100 万元以下信贷需求小微企业层面，金融科技企业已经探索出了商业可持续性的模式，实现了部分覆盖。未来，随着金融业技术能力提升、产业互联网普及、行业和公共数据的打通和共享，对于 100 万至 1000 万元信贷需求的小微企业，也能进行技术成熟的数据风控，可能也会以线上服务为主、线下服务为辅的方式服务。对于 1000 万元以上信贷需求的较大规模企业，可能还会以线下服务为主，但一些贷款申请、企业报表核查、授信评估等环节，很有可能更多通过线上完成，以提高作业效率，降低成本。

而在数据模型相对成熟的个人金融服务领域，未来不仅是"小白"用户，一些高净值客户也可能更多通过线上模式进行服务。未来线上服务模式，甚至可能成为主要金融服务方式。

三、数字理财领域

我国的数字金融技术应用水平居于世界前列，未来我国通过完善相关政策配套，充分激发理财市场活力，有望在投顾领域"弯道超车"。

（一）理财服务模式将逐步从产品销售转向更加以客户为中心的投顾和投教服务

当前，大多数中国居民风险偏好低、投资经验不足，资产配置理念仍处于启蒙阶段，因此单纯的理财产品销售模式严重落后于形势，以客户为中心的投顾和投教将是理财市场转型重点之一。

从 2018 年中国居民可投资资产配置情况来看，银行存款占据 31% 的核心比重，仍然是中国居民资产配置的首要选择。在银行存款之外，中国居民资产配置也主要集中于货币基金、信托、保险等预期收益型产品，公募基金在中国居民资产配置中占比仅 6%，而美国市场这一比例高达 21%。从海外市场的发展经验来看，围绕投资者利益的投顾服务模式是提升投资者金融认知，引导投资者投资习惯向长期分散化投资转型的重要力量，投顾所组成的财富管理中间层，不仅是带动家庭财富管理生态重塑的重要力量，更是推动资本市场机构加速转型的关键一环。

（二）监管政策逐步完善，不同类型产品的监管标准进一步打通，带动"一站式"理财平台发展

近年来，我国投顾市场改革的步伐正在加快。2019年10月，证监会下发《关于做好公开募集证券投资基金投资顾问业务试点工作的通知》，首次明确试点机构可以代客户办理交易申请，该通知被市场解读为迈向"全权委托"和多元化收费方式的第一步。2020年4月中旬，证监会发布了《证券基金投资咨询业务管理办法（征求意见稿）》，将不同类型投顾纳入统一管理，对投顾主体的设立、运行以及投顾业务开展进行细致规定。

不同类型资管产品的监管框架和监管标准也呈现进一步打通的趋势。目前公募基金产品已经通过开放第三方独立销售资质，实现了与互联网场景的对接和获客，但是银行系的资管产品，如理财产品还没有打通互联网渠道。在新的市场竞争环境下，理财子公司存在拓展销售渠道、提升获客能力的客观需求。《商业银行理财子公司管理办法》将理财子的销售资质拓展到"国务院银行业监督管理机构认可的其他机构"，为独立第三方销售留下了展业空间，具有高度的前瞻性。

未来随着理财子销售配套管理办法的落地，国内市场也将形成与海外嘉信理财类似的综合服务平台，同时为投资者提供基金、证券、理财等不同类型的产品。

（三）跨机构合作更加深入广泛，数据开放需求未来将进一步凸显

海外成熟市场上已经发展出了多层次、多样化的跨机构合作模式。一是第三方机构注册取得经纪业务资质后，直接进行产品的代销模式；二是持牌销售机构向第三方平台开放交易服务能力，让第三应用直接调用账户数据和交易程序的开放 API 模式；三是持牌销售机构在第三方互联网平台搭建系统或智能服务机器人，为客户推荐产品信息和资讯、进行客户陪伴以及交易系统入口的引流模式；四是持牌销售机构在第三方媒介植入广告的传统模式。

随着实体经济数字化的深化发展以及用户习惯的进一步移动化、数字化，未来互联网场景将成为财富管理机构提供服务的主要渠道，财富管理机构与互联网场景的合作也将呈现多层次、多维度发展的趋势。其中，数据开放融合将成为跨机构合作的一个重要领域。数据是所有类型金融该服务的核心生产要素，也是机构间优势互补的一个重要维度。未来随着行业竞争的加剧和用户对个性化的要求的进一步提升，数据领域的开放合作将成为机构间创新的一个重要方向。

四、数字保险保障领域

未来五年，我国保险业将进入快速发展的黄金时期。按照目前发展趋势，未来十年左右我国将大概率超过美国，成为全球第一大保险市场。数字保险将是我国保险市场中的重要力量，获得快速发展。

（一）数字财产险向更场景化方向创新发展，利用"保险无处不在"理念保障提升居民的数字生活体验

未来五年，房屋险、车险等居民重要财产的保险预计仍以线下模式为主，但数字保险平台将成为其重要销售渠道，保险科技将为其提供愈来愈重要的深化服务。房屋、汽车等居民大宗财产保险，目前从全球范围看仍以线下保险模式为主，但其销售渠道越来越线上化，保险服务环节的线上化水平也在深化。例如我国的支付宝近年来就在车辆智能定损方面进行了探索。随着汽车智能化发展趋势，数字车险的程度也将深化。

未来五年，数字场景险将随着数字经济的深化，获得大规模发展，数字保险将"无处不在"。随着经济、政务和生活的数字化浪潮发展，其各类型场景中的风险将更方便量化，数字场景险将更加蓬勃发展。当前，数字账户险、网购退运费险、宠物健康险、外卖食物质保险、航班延误险等险种已是居民日常生活所需。未来针对居民在数字经济时代的财产保障痛点，保险业将开发出更多数字场景险。

（二）数字医疗保险用户规模快速增长，该领域呈现线上、线下渠道共同发展局面

未来五年我国商业健康保险进入快速发展的黄金时期。近年来居民健康保障需求的上行趋势，我国商业健康保险市场近年以30%左右的速度快速发展。2020年1月银保监会文件《关于促进社会服务领域商业保险发展的意见》提出："力争到2025年，商业健康保险市场规模超过2万亿元，成为中国特色医疗保障体系的重要组成部分。"

医疗保险用户规模五年内超过3亿，长期医疗保险成为普惠群体基础健康险种。最近五年，普惠型医疗保险在监管部门创新监管政策引收下，投保人群从 2016 年的不足 1000 万，发展至 2020 年上半年的 1.1 亿人群，增速极其迅速。

放眼未来，普惠型医疗保险将成为我国数亿普惠群体医疗需求上行的首选商业保障。研究预测，我国医疗保险投保人数未来五年将继续以年增 25% 以上的速度快速增长，至 2025 年投保人数将达到 3 亿人以上。

（三）网络互助用户规模将翻倍，与医保、商业健康保险形成良性的共生、互补关系

经过研究机构模型测算[①]，预计 2025 年我国网络互助行业的成员将达到 4.5 亿人，覆盖中国 14 亿人的 32% 左右；预计行业可向社会提供的互助金将增长至 510 亿元左右。

网络互助、商业保险数字化水平进一步提高，两者将深度合作。商业健康保险与网络互助的目标均是为居民提供健康保障，其底层均使用保险科技，因此其在成员群体和技术应用方面具有一致性，这为其开展跨界合作甚至融合发展提供了可能性。

网络互助模式在"一带一路"沿线等发展中国家和地区获得更大发展。有理由相信，网络互助将像移动支付、数字信贷、数字理财等其他数字金融模式一样，作为中国经验和模式，在未来快速走向全球，让更多人受益。

（四）以区块链、人工智能、物联网等为底层的保险科技，获得更深层次应用，行业效率进一步提升

保险科技在保险数字化升级、流程再造和降本增效等方面作用

---

① 蚂蚁集团研究院：《网络互助行业白皮书（2020 年）》。

巨大。人工智能、区块链、大数据、云计算等金融科技核心技术对商业健康保险带来的转变，在未来只会加快，不会停止。未来五年，在保险科技持续创新和行业实践的带动下，保险行业的数字化升级转型将加快，保险科技的应用将更加深入，创新性保障产品或将持续出现。

五、数字信用领域

（一）数字信用技术将发挥更重要的普惠作用

现代商业社会的本质是信用的演进，而信用的演进则是技术的演进。20世纪80年代，里根政府通过信用卡和卡账户技术的普及，把美国带入了消费时代。今天中国要成为消费和服务业大国，就需要用技术构建一个新型的信用体系。

运用大数据、云计算等新技术，构建一套基于数据的新型信用体系，有望让我国在10年内走过美国100年的信用体系建设之路。因为各类成本，从前的我国信用体系只能服务一部分人。未来在数字技术持续发展的背景下，信用的积累和应用会越来越便捷，服务成本也将越来越低，服务的人群将绝大部分是我国成年人群。

（二）数字信用体系在商业、社会领域发挥更广泛和深入的作用，助力我国加快建成新型信用社会

传统信用体系升级过渡到数字时代的新信用体系是势所必然。未来的信用体系借助数字技术的降本增效能力，也将更加全面地深入到生活的方方面面。

未来的信用体系不会只局限在金融领域。金融活动是社会活动

中的重要组成部分，但是未来的信用体系会超越金融活动，进一步覆盖商业领域、社会领域，扩大信用产品的使用场景，让衣食住行、公共生活、环境保护等的履约行为和信用直接关联。信用体系的广泛应用，不仅能够提高交易、管理和交往的效率，而且能够充分发挥信用制度的影响力，促进社会文明程度的提高和财富积累。